Convivir y compartir

LAURA ROJAS-MARCOS

Convivir y compartir

Claves para relacionarte saludablemente con los demás y contigo

Grijalbo

Papel certificado por el Forest Stewardship Council®

MIXTO
Papel procedente de
fuentes responsables
FSC
www.fsc.org   FSC® C117695

Penguin
Random House
Grupo Editorial

Primera edición: noviembre de 2021

© 2021, Laura Rojas-Marcos
© 2021, Penguin Random House Grupo Editorial, S. A. U.
Travessera de Gràcia, 47-49. 08021 Barcelona

Printed in Spain — Impreso en España

ISBN: 978-84-253-5635-3
Depósito legal: B-15.148-2021

Compuesto en Pleca Digital, S. L. U.

Impreso en Black Print CPI Ibérica
Sant Andreu de la Barca (Barcelona)

GR 5 6 3 5 3

Con todo mi amor, amistad, admiración y respeto,
quiero dedicar este libro a las siguientes personas y grupos
de amigos que han sido un apoyo clave y esencial para mí
durante la pandemia de la COVID-19:

A toda mi familia, en especial a mis queridísimos sobrinos
Luis, Belén y Rafael Rojas-Marcos García, por llenarme
el corazón de amor, ilusión y alegría.
Siempre seréis mis pequeños-grandes tesoros

A Marta Enrile, hermana y familia elegida, confidente
y amiga incondicional de toda una vida,
siempre presente, atenta y disponible

A Lola Simón, Mario Nervi, Marta Rollado,
Rocío Álvarez de la Campa, Valle Álvarez,
Carmen Reviriego y Alejandra Vallejo-Nágera,
amigos tesoros y muletas emocionales que con su
generosidad me han ayudado a sobrellevar
los meses más duros de la pandemia.
Gracias por vuestro constante apoyo,
escucha, cariño y amistad

A los diferentes grupos de amigos, por estar presentes
y por su buena compañía: Todo Liendo, Amigos Ph. D,
Amigas Madrid, Triana, Chi Kung, Tardeo on-line,
NYC Marathon, Abadesas, Club de las TT,
Amigas New York, Colegio Aljarafe-70, Amistades
no peligrosas, No estamos solos, Psicólogas en potencia,
Conectadas y COVID-19 Ayudándonos

A Juanjo Fernández-Bardera y Elisabeth López-Bertram,
amigos queridos y ejemplares de nobleza, generosidad,
entereza y resiliencia ante la adversidad

Índice

Nota al lector

Cada día en mi trabajo soy testigo de los retos a los que se enfrentan hombres y mujeres y de sus esfuerzos para entender, cambiar y mejorar algún aspecto de su vida. Para mí es un honor y un privilegio que me ofrezcan su confianza y compartan conmigo sus pensamientos y sentimientos más profundos, así como sus experiencias más íntimas.

Entre los temas que más trato en la consulta destacan las relaciones familiares, de pareja, los amigos, los compañeros de trabajo o del entorno académico. Pero también otras relaciones más puntuales con vecinos y personas desconocidas. Estas experiencias me han motivado a escribir sobre los distintos aspectos de la convivencia, en particular esos que no elegimos y que de alguna manera nos vienen impuestos por las circunstancias y los eventos que marcan nuestra vida; más aún, después de vivir, y seguir conviviendo, con el virus de la COVID-19, que tanta huella está dejando en nuestra memoria emocional y nuestra vida a nivel global.

Mi objetivo es abordar este tema tan complejo y sus retos de la forma más comprensible y amena posible. Confieso que no me ha sido fácil, pero espero ayudar al lector a comprender en mayor medida las vicisitudes de las relaciones tanto con los no elegidos como con los elegidos, así como ofrecer sugerencias para mejorarlas. Me centro principalmente en las relaciones interpersonales (con la gente del entorno) y en las relaciones intrapersonales (con nosotros mismos).

Para escribir este ensayo me he apoyado en mi experiencia profesional y personal. Hago referencia a temas que ya he tratado en trabajos anteriores, así como a investigaciones, datos empíricos y fuentes de divulgación científica. De igual modo, incluyo experiencias y aprendizajes obtenidos durante la pandemia de la COVID-19 que desde principios de 2020 ha marcado nuestra vida.

Con el fin de facilitar la lectura, he dividido cada capítulo en epígrafes para que el lector pueda escoger los temas que más le interesen sin perder por ello el hilo narrativo. Utilizo el género masculino para referirme al plural de ambos géneros: hijos e hijas, niños y niñas, padres y madres. Asimismo, uso de manera indistinta los términos «emociones» y «sentimientos», ya que en la vida diaria suelen ser intercambiables. En caso de que el lector desee profundizar más en los temas, le invito a revisar la bibliografía.

Animo al lector a que contacte conmigo para cualquier idea o duda que pueda surgirle y me escriba a mi dirección de correo electrónico: laurarojasmarcos@gmail.com

Agradezco enormemente todo el interés en esta obra y espero que su lectura sea útil.

1

El arte de convivir

El ser humano tiene tres caras:
La primera cara es la que le muestras al mundo.
La segunda cara es la que les muestras a tus
amigos cercanos y a tu familia.
La tercera cara es la que nunca le muestras a
nadie. Es el reflejo fiel de quien eres; la que te da
paz o no te deja dormir.

Proverbio japonés

CONVIVIR: EL ARTE DE SABER BAILAR CON LOS DEMÁS Y CON NOSOTROS MISMOS

Convivir es un arte. Es el arte de saber relacionarse y compartir. Es una habilidad que nos conviene aprender para construir lazos y vínculos afectivos saludables, así como para gestionar las relaciones difíciles o indeseadas. Cultivar este arte nos ayuda a vivir en armonía y en paz con nosotros mismos y los demás.

Desde mi punto de vista, aprender a convivir es como aprender a bailar. Ambas acciones requieren espacio, tiempo, ritmo, energía y capacidad para sentir y conectar emocionalmente con algo, con alguien y con uno mismo. Tengamos o no facilidad, ganas o ilusión, podemos, si nos lo proponemos, aprender a dar unos sencillos pasos, con o sin acompañante, y bailar al son de la música de la vida. Es decir, somos capaces de desarrollar habilidades sociales para relacionarnos saludablemente con la gente de nuestro entorno. Así que le propongo, apreciado lector, que acepte mi invitación para explorar juntos el baile de la convivencia.

Vivamos solos o acompañados, todos empezamos el día relacionándonos con otras personas. Si alguien nos preguntara «¿Con quién hablas o cruzas la primera mirada cada día?», es posible que la mayoría respondiéramos que comenzamos interactuando con nuestra familia, pareja, nuestros amigos o compañeros de trabajo. Sin embargo, quizá de manera inconsciente, olvidemos incluir las interacciones de minutos o incluso segundos que tenemos con aquellos desconocidos con quienes compartimos espacio vital, ya sean vecinos, peatones, conductores, pasajeros en el medio de transporte o pacientes en la sala de espera del médico. Desde que nos levantamos hasta que nos acostamos, y a veces incluso mientras soñamos, estamos participando en el baile de la convivencia.

Aprender el baile de la convivencia no es fácil para nadie, tampoco para los que tienen buen oído para la música y cierta facilidad para relacionarse. Aunque todos tenemos la capacidad para mover alguna parte del esqueleto, aprender una coreografía determinada que exige relacionarnos con otros puede resultar difícil y frustrante, ya que supone gestionar cambios e imprevistos. Además, no es lo mismo convivir con un amigo que con un familiar o un compañero de trabajo. A unos los elegimos y a otros no. Algunos están más o menos presentes en el día a día, pero al final ninguno pasa desapercibido. Lo queramos o no, todos nos sentimos y nos percibimos mutuamente. Es decir, aunque a veces intentemos evitarlo, nos verán y nos oirán tanto en la cercanía como en la lejanía. Como un barco en alta mar, por muy discretos o sigilosos que seamos, otros compañeros navegantes nos divisarán, sobre todo en las distancias cortas.

Durante el baile de la convivencia, a veces conectamos con nuestro compañero de baile y otras veces no. A veces conectamos con la música de fondo, incluso podemos elegir la canción o el entorno donde bailar. Éste sería el escenario ideal. Pero lo más habitual son los escenarios que no podemos elegir, por lo que nos vemos obligados a aprender a aceptar la realidad y adaptarnos como mejor podamos a la situación. La capacidad de adaptación es una aptitud que nos ayuda no sólo a convivir en armonía con los demás, sino también a sobrellevar los momentos de adversidad. No olvidemos que desde el momento en que nacemos, y hasta que morimos, convivimos con otras personas, por lo que en algún momento surgirán los roces y los choques. El arte es aprender a gestionarlos.

Siendo realistas, también puede ocurrir que la afinidad con nuestro compañero de convivencia sea nula y no exista buena química o reciprocidad emocional. A veces no conectamos desde un principio y otras la conexión se interrumpe por desencuentros. Estos casos constituyen uno de los mayores desafíos, ya que a pesar de que es normal que en la convivencia surjan malentendidos, desacuerdos y discusiones, saber diferenciar entre un conflicto normal de convivencia y una relación tóxica es esencial.

Ante un conflicto de convivencia podemos optar por dejarnos llevar por los sentimientos de frustración o rabia y tener una actitud defensiva e incluso hostil, o podemos elegir un camino más constructivo, aunque nos resulte más difícil: aquel que implica controlar los impulsos. Está científicamente demostrado que ante situaciones conflictivas es preferible reflexionar, tomar perspectiva y no dejarse llevar por las emociones negativas. Pero seamos realistas: este camino no es nada fácil. Aprender a controlar los impulsos es una carrera de fondo; un aprendizaje que lleva años y mucha determinación. Lo cierto es que para la mayoría es siempre más fácil responder con un grito que morderse la lengua.

Tener las herramientas para poder manejar los conflictos de convivencia de una forma constructiva, sin dejarnos llevar por los sentimientos negativos, nos ayudará a resolver y pasar página sin sentirnos víctimas y sin ser manipulados. Por tanto, conocer los pasos del baile de la convivencia también nos ayudará conocer a nuestros acompañantes de vida y a afrontar juntos los conflictos.

Mientras que a algunos compañeros de convivencia los elegimos, la mayoría de las interacciones diarias suelen darse con personas que nos vienen dadas; son las no elegidas. Nos guste o no, necesitamos aprender a relacionarnos con ellas. Es decir, saber compartir con ellas el espacio y el tiempo, así como aprender a tomar decisiones sobre cómo y cuándo queremos y debemos relacionarnos. Por ejemplo, con frecuencia en el día a día nos vemos forzados a convivir con otros en un espacio pequeño manteniendo sólo unos centímetros de distancia personal, como ocurre durante un trayecto en autobús, tren o avión. En estos casos, nos encontramos junto a un cuerpo extraño con una mirada anónima y nos llevamos una primera impresión (favorable, desagradable o indiferente). Pero a veces convivimos con personas conocidas con las que no tenemos afinidad. Por ejemplo, es probable que en más de una ocasión se haya encontrado en una celebración en la que le sienten en una mesa al lado de una persona con la que no conecta o incluso que le resulte antipática, pero hace el esfuerzo por comportarse de forma cordial y educada, y después se siente físicamente cansado.

Durante algunas situaciones de convivencia forzada nos sentimos incómodos o irritados por nuestro acompañante de baile. Puede que no nos guste su imagen, su forma de ser, su olor o el ruido que emana. Cuando nos encrespamos, aplicamos estrategias de gestión y aguante con el fin de apaciguar y controlar el malestar. En mi caso intento tomar la iniciativa de cambiarme de sitio, de enmascarar el sonido irritante escuchando música o cerrando los ojos y meditando. Pero la realidad es que a veces nos hallamos atrapados en un lugar sin muchas posibilidades de escapar, como cuando estamos en un medio de transporte público en hora punta. Estas situaciones nos obligan a ejercer un único recurso interior: la paciencia. Apechugar con la situación y aguantar el momento con cara de póquer y manteniendo las buenas formas es en muchos casos lo único que se puede hacer para mantener la cordialidad. Y aunque sirva de poco consuelo, a pesar de que muchas personas dejan huella en los cinco sentidos, en los momentos difíciles nos puede ayudar pensar que este rato desagradable tiene un final. «No hay mal que cien años dure», dice el refrán.

Todos tenemos un estilo y una forma única de relacionarnos durante el baile de la convivencia. Cuando bailamos modulamos los movimientos. Pero no sólo movemos las piernas, los brazos, las caderas y la cabeza, también se activan nuestros sentimientos y pensamientos. A veces tarareamos la música a la vez, como si estuviéramos fusionados con los instrumentos y la letra de la canción; nos dejamos llevar por el ritmo y la melodía, y fluimos. Lo mismo ocurre cuando conectamos y sentimos complicidad con otra persona durante una conversación; las palabras y las emociones fluyen. Nos entendemos.

Al bailar o convivir, nuestro movimiento puede ser suave o brusco, más o menos intenso; podemos seguir una coreografía improvisada o estructurada. Tengamos mejor o peor coordinación corporal o de palabra, siempre supone hacer un esfuerzo, ya que comunicar no es fácil. ¿Por qué? Pues para conectar y comunicar necesitamos concentrarnos, prestar atención a lo que decimos y hacemos, así como a lo que dicen y hacen los demás. Es decir, necesitamos aprender a calcular y controlar los movimientos propios y a anticipar los de nuestros compañeros de baile. Por lo tanto, no sólo nos encontramos conviviendo con nosotros mismos, el cuerpo y las emociones, sino también con los de aquellos con quienes convivimos.

Cuando bailamos nos movemos siguiendo el compás de la música y nos dejamos llevar para encontrar nuestro ritmo natural. Giramos en torno a un eje y, con cuidado, procuramos mantener el equilibrio en todo momento. Sin embargo, a veces nos tropezamos, perdemos el ritmo y nos caemos. Puede que hayamos perdido el equilibrio solos, o tal vez alguien nos haya empujado. Encontrarnos desparramados en el suelo con el cuerpo dolorido nunca es plato de gusto para nadie. Pero esto forma parte de la vida, de nuestra realidad y de las relaciones personales durante la convivencia. A veces, queriendo o sin querer, chocamos con otros y la colisión puede crear un conflicto. Resolverlo dependerá principalmente de nuestra actitud. Sólo nosotros podemos decidir si hacer el esfuerzo por levantarnos, intentar resolver el conflicto de manera constructiva y si continuar o no con el baile de la convivencia.

Durante el baile de la convivencia la música tiene un efecto único en cada uno. La melodía de fondo evoca numerosas sensaciones; afecta a los sentimientos, recuerdos y modula lo que percibimos con los sentidos. Los bailes de nuestra historia pasada son experiencias que se graban en nuestra memoria emocional en forma de imágenes y emociones. Algunas las podemos recordar con claridad, pero otras permanecen borrosas e indefinidas, como olvidadas. Por lo tanto, una melodía puede transportarnos a un momento feliz de nuestra vida o, por el contrario, a una angustiosa pesadilla. Por muy sutil que sea, a veces puede despertarnos sentimientos encontrados. Aquellos que chocan entre sí y luchan entre lo que deseamos, añoramos, merecemos, rechazamos o necesitamos, provocando tanto desazón y pesadumbre como placer e ilusión a la vez. Por lo tanto, conocernos y saber identificar cómo nos afecta la música de fondo, es decir, el entorno, nos ayudará a gestionar mejor los momentos difíciles de convivencias pasadas y las vicisitudes de relaciones presentes.

Al final, apreciado lector, independientemente de con quién nos relacionemos y compartamos el baile de la convivencia, es importante poner de nuestra parte para que la relación con nuestro compañero de baile sea positiva, funcione y fluya. Es evidente que si tenemos afinidad es más probable que la experiencia de convivencia sea más agradable y divertida para todos. Si sentimos complicidad y nos esforzamos por construir una buena comunicación, evitaremos tropiezos y pisotones; y, si los hubiera, probablemente no los tendríamos en cuenta o los perdonaríamos con facilidad. Quizá, en las mejores circunstancias, ante un choque puede que nos lo tomemos con humor, acabemos riéndonos juntos y guardemos la experiencia en nuestra memoria emocional como una anécdota más de la vida.

Los beneficios de aprender trucos que facilitan el baile de la convivencia

Hace años estuve en un espectáculo en Las Vegas donde vi al gran mago David Copperfield actuar en directo. Después de pasar casi toda mi niñez fascinada con sus habilidades mágicas, tuve la oportunidad de acudir a su magnífica actuación. Por fin llegó el momento en el que uno de mis sueños de la infancia se cumplía y vi en persona a mi mago favorito. De niña, sus trucos de magia me impresionaban tanto que siempre me dejaban boquiabierta y pensativa durante mucho tiempo. Me fascinaba el truco de atravesar la Gran Muralla China con un grupo de personas, transportarse en milisegundos a una isla desierta y hacer desaparecer personas o incluso objetos de tamaños desproporcionados en un instante. Tener la oportunidad de verlo en persona fue una experiencia que nunca olvidaré, sobre todo observar de cerca su gran capacidad para conectar y comunicarse sin mediar palabra.

Copperfield sabía transmitir lo que pretendía a través de sus gestos y movimientos con una claridad cristalina, y lograba que cientos de personas mantuviéramos la atención donde él quería en cada momento. Con las mangas de la camisa remangadas y las manos desnudas, lograba sorprendernos una y otra vez con sus hazañas. Incluso llegó a hacer desaparecer un automóvil antiguo de los años veinte, de casi tres metros de longitud, colgado del techo del escenario, y dejarnos perplejos. Recuerdo ese día como un día mágico y sorprendente que me devolvió durante un par de horas la inocencia y la capacidad de asombro que tenía de niña. Pero volviendo al presente, lo que hoy más me sorprende y admiro es la cantidad de horas que debió de practicar para perfeccionar su número mágico, así como el esfuerzo y la determinación que debió de ejercer a lo largo de los años este gran mago para lograr uno de los trucos mágicos más difíciles del mundo: saber comunicar, interactuar y transmitir emociones a millones de personas del planeta a través de su mirada, sus gestos y su inteligencia emocional. Quizá como artista podríamos considerarlo un experto a gran escala en el baile de la convivencia del mundo del espectáculo. No me cabe la menor duda de que para lograr ese éxito en todo el mundo tuvo que estudiar a fondo sus habilidades mágicas y también la psicología humana.

Como veremos más adelante, algunos de «los trucos» o claves más importantes en cualquier relación de convivencia son cuidar la confianza, el compromiso y nuestra habilidad comunicativa. Y para ello es muy importante desarrollar el arte de aprender a tomar decisiones; saber qué decir y hacer, cuándo, por qué y cómo. Los que no saben elegir y decidir suelen tener grandes dificultades para vivir tranquilos y serenos; a menudo conviven con sentimientos de inseguridad e insatisfacción.

Cada día tomamos incontables decisiones sobre lo que queremos, nos gustaría, necesitamos o debemos hacer. Decidimos si aprender o no algo determinado, si es el momento de salir de nuestra zona de confort o de permanecer en ella para coger aire. Por ejemplo, tomar la decisión de aprender nuevos pasos del baile de la convivencia o revisar los ya aprendidos implica determinación, humildad, introspección y buena disposición. Cada uno de nosotros tenemos un temperamento y una personalidad propios, y una forma de relacionarnos, pero también tenemos inseguridades. Sean reales o imaginarias, nadie se libra del miedo; es intrínseco a la vida y debemos aceptar que forma parte de nosotros y de muchos conflictos vividos. Aunque todos caemos en algún momento y nos equivocamos, al final existe una gran diferencia entre encontrarnos en el suelo con una mano tendida que nos ofrece ayuda para levantarnos o vernos solos e ignorados por aquellos que nos rodean. Independientemente de que en ocasiones nos equivoquemos en nuestras relaciones, el día se nos tuerza, estemos de mal humor o no mostremos la mejor actitud, siempre existe la posibilidad de resolver conflictos. Aclarar, enmendar, pedir perdón y perdonar depende de que estemos abiertos y dispuestos a ellos, y de saber cuándo y cómo hacerlo.

Identificar nuestras aptitudes, ser conscientes de cómo somos y tener claras nuestras fortalezas y debilidades favorece la convivencia. Es como conocer los tejemanejes y secretos de los trucos de magia con lo que nos sorprenden los magos. Conocernos y conocer a los demás nos ayuda a entender la ciencia que está detrás de la magia de las relaciones humanas. Al fin y al cabo, cuando descubrimos y aplicamos con éxito nuestras destrezas sentimos satisfacción y control sobre nuestra vida. Así que ¿por qué no aprender algunos trucos para relacionarnos mejor con las personas de nuestro entorno?

Las ideas y estrategias que propongo en este escrito son sencillas y de sentido común. Pero lo cierto es que a menudo son tantas las prisas y las preocupaciones que nos invaden que nos dejamos llevar más por las emociones y los impulsos del momento y no paramos a pensar en tratar de identificar lo que está pasando y los porqués. Por esta razón he considerado conveniente empezar por revisar en este primer capítulo algunos conceptos básicos relacionados con los principios de las relaciones humanas aplicables a todas nuestras relaciones, sean elegidas como no elegidas que incluyen: los vínculos de apego, nuestras competencias básicas de convivencia, la inteligencia social y la adaptación al cambio. Repasarlas nos ayudará a comprender algunos aspectos de nosotros mismos y nuestras relaciones, que trataremos a lo largo de la lectura, y también a permanecer serenos, educados, cordiales y bajo control durante nuestras interacciones con las personas no elegidas.

Como señalaba, todos tenemos la capacidad para aprender a gestionar nuestras emociones, actitudes y forma de ser con el fin de crear un entorno agradable, no sólo en beneficio propio, sino también en beneficio de los demás. Aprender el baile de la convivencia lleva tiempo, práctica, coordinación, comunicación y conexión. Requiere esfuerzo y paciencia. Y aunque durante el proceso puede que aparezcan agujetas o algún que otro cardenal, no hay duda de que MERECE LA PENA, y ya que además de ser útil, también puede ser divertido y enriquecedor.

Aprender algunos trucos para relacionarnos con los demás y con nosotros mismos nos ofrecerá la posibilidad de vivir serenos y disfrutar de una buena calidad de vida. Por tanto, querido lector, ¿por qué no intentar optimizar el día a día y nuestras relaciones? ¿Compartimos el siguiente baile de la convivencia? Quizá podríamos comenzar por conectar primero con nosotros mismos, nuestro cuerpo, la capacidad para concentrarnos y aprender, con el fin de encontrar el espíritu aventurero que todos llevamos dentro. Cojamos aire, llenemos los pulmones, cerremos los ojos un instante, relajemos los hombros y los brazos, y marquemos el ritmo contando 1..., 2..., 3; 1..., 2..., 3; 1..., 2..., 3; 1..., 2..., 3... para dar el primer paso. Vamos allá.

¿QUÉ ES CONVIVIR? ¿CUÁNDO, CÓMO Y DÓNDE COMIENZA?

El primer paso del baile de la convivencia consiste en explicar qué es convivir. De acuerdo con el diccionario, el término «convivir» es un verbo intransitivo que se define como «vivir o habitar con otro u otros en el mismo lugar». Tiene su origen del latín *convivere* y significa «vivir con otros». El acto de convivir tiene muchos matices y acciones.

¿QUÉ ES CONVIVIR?

Convivir es el arte de compartir, conectar, comunicar y confiar. Convivir saludablemente es saber expresar, con o sin palabras, lo que somos, queremos, deseamos y sentimos. Es dar, recibir y pedir; saber ser generoso. Es escuchar, ponerse en el lugar del otro y empatizar. Es saber poner límites siendo cuidadoso. Es ser prudente con las palabras, pensar antes de hablar, discutir sin insultar y mantener el silencio con el fin de solucionar; es ser consecuente con los propios actos. Convivir es respetar a pesar de no estar de acuerdo. Es controlar los impulsos, aplicar el autocontrol y ser consciente de que no todo vale, de que nuestras expectativas y necesidades no siempre se cumplen y de que la vida no es justa. Es agradecer las pequeñas cosas y los pequeños y grandes gestos de los demás; es compartir sin invadir. Es darse sin perderse y tomar de otros sin exigir demasiado. Convivir bien es una actitud. Es ser amable y asertivo. Ser resolutivo sin entrar en luchas de poder y manipulaciones emocionales. Es saber perdonar, pedir perdón y pasar página. Es poner lo mejor de uno y saber ser, estar y hacer.

---

*Génesis de la convivencia: principios básicos
de los vínculos de apego*

La primera experiencia de convivencia comienza en el útero de nuestra madre. Es ahí donde aprendemos a dar los primeros pasos del baile de la convivencia, al compás de los latidos de su corazón. Es más, incluso podríamos decir que los meses de embarazo son, con toda probabilidad, los momentos de convivencia más cercanos en distancia física que vamos a tener con otra persona. Es una etapa vital en la que compartimos alimento, oxígeno y espacio, aunque éste sea algo apretado. No obstante, gracias a la biología humana, esta convivencia tan estrecha es temporal. A los nueve meses nacemos y a partir de este primer y gran cambio vital comienza la gran aventura de convivencia con el mundo.

Cuando nacemos, de pronto nos encontramos en un mundo desconocido, mucho más amplio, frío, más ruidoso y rodeados de una multitud de seres desconocidos. Con independencia del entorno, para la mayoría la familia es el primer escenario vital, la escuela inicial donde aprendemos a dar los primeros pasos de convivencia. Es en el medio familiar donde construimos los pilares de nuestra vida, descubrimos las emociones, experimentamos las primeras relaciones personales y desarrollamos las habilidades sociales. Pero, sobre todo, es en la familia donde descubrimos el poder del cariño y los afectos. Decía el gran psiquiatra y especialista en vínculos humanos John Bowlby: «Los lazos de cariño definen nuestra vida desde la cuna hasta la tumba». Sentirnos conectados y parte de un grupo es un ingrediente esencial para nuestra estabilidad vital; es un pilar de nuestra supervivencia. Por lo tanto, la necesidad de crear vínculos de apego surge en el momento en que nacemos y dura toda la vida; es parte de nuestra naturaleza. Luego, entenderlos nos ayudará a comprender por qué somos como somos, ya que no es lo mismo que nos desarrollemos en un entorno familiar con apegos seguros, inseguros o ambivalentes.

VÍNCULOS DE APEGO

Seguros: se caracterizan por hacernos sentir protección, coherencia, consistencia y cuidados afectivos. Propician autonomía, confianza en uno mismo y autoestima saludable.

Inseguros: se caracterizan por hacernos sentir desprotección, inseguridad, miedo, falta de confianza. Propician dependencia emocional y una baja autoestima

Ambivalentes: se caracterizan por la inconsistencia e incoherencia en el sentimiento de seguridad y protección. Propician la ansiedad, sentimientos de inseguridad y la dependencia emocional y baja autoestima.

Lo ideal, por supuesto, es crecer en un entorno en el que podamos desarrollar una autoestima saludable, nos sintamos seguros y protegidos, y en el que recibamos afecto y apoyo; un hogar respetuoso y tranquilo donde los conflictos se gestionen de manera constructiva. Aunque este entorno saludable exista, no faltan las dinámicas familiares y relacionales en las que abundan las incoherencias e inconsistencias, hasta el punto en el que la inseguridad y el miedo forman parte de la convivencia diaria.

En mi experiencia profesional he podido observar que crecer en un entorno familiar inseguro y conflictivo puede afectar negativamente no sólo al desarrollo de la autoestima, las habilidades y el comportamiento, sino a la capacidad para confiar y conectar con uno mismo y con otros. Y aunque los profesionales de la salud emocional contamos con métodos y tratamientos efectivos que ayudan a neutralizar y superar experiencias traumáticas asociadas a vínculos de apego negativos, cualquier trabajo de crecimiento y mejoría personal es un proceso que requiere compromiso, motivación y confianza. Con los años he aprendido que todos convivimos con emociones y experiencias positivas y negativas; convivimos con determinados miedos, necesidades y deseos, de forma que a la hora de «trabajarnos» es esencial explorar con delicadeza y respeto tanto la historia personal y familiar como identificar patrones de comportamiento, así como creencias, expectativas y estrategias de afrontamientos que han influido en nuestra forma de relacionarnos.

Competencias básicas para la convivencia saludable: aprender a hacer

Las competencias son un conjunto de conocimientos, recursos, habilidades y actitudes que nos ayudan a conseguir nuestros objetivos. Por ejemplo, si quiero hacer amigos, necesito aplicar mis habilidades sociales: saber comunicarme, escuchar, ser cordial y amable en mis interacciones. De igual modo, si quiero resolver un conflicto, aplicaré mis competencias de resolución de conflictos con el fin de mejorar la situación, llegar a un acuerdo o enmendar cualquier daño producido. En definitiva, nuestras competencias nos ayudan a saber hacer y estar.

A continuación propongo explorar las diferentes competencias básicas, pero para ello animo al lector a que anote en una hoja aparte aquellas que considere que lo caracterizan o que le gustaría mejorar con el fin de conocerse un poco más. Existen tres dimensiones de competencias básicas:

1. Competencias personales (conocerse a uno mismo y saber gestionar las emociones y conductas propias).
2. Competencias sociales (saber comunicar y relacionarse con los demás).
3. Competencias funcionales (saber analizar, evaluar y llevar a cabo los procedimientos necesarios).

Como se ve en la siguiente página, cada una de ellas se compone de diferentes capacidades que le son propias.

Para desarrollar o mejorar aquellas competencias que favorecen una buena convivencia con uno mismo o con los demás necesitamos crear un escenario en el que probarlas y practicarlas. Es decir, aprender la teoría no es suficiente; también debemos participar y practicar. Podemos leer sobre la música y el baile, pero sólo podemos aprender a tocar un instrumento o a bailar practicando. Y para ello necesitamos exponernos, dar el paso y pasar a la acción. Así que para aprender a convivir necesitamos relacionarnos, socializar y poner en práctica nuestra inteligencia social.

COMPETENCIAS		
PERSONALES (ámbito personal)	**SOCIALES** (ámbito personal y profesional)	**FUNCIONALES** (ámbito profesional)
Conciencia de uno mismo Conciencia de las propias emociones Autocrítica Autovaloración Reconocer las cualidades personales Autoconfianza Autoeficacia Autonomía Automotivación Gestión de las propias emociones Estrategias de afrontamiento Control del estrés Capacidad para adaptarse a los cambios Capacidad para tomar decisiones Iniciativa Actitud Determinación Disciplina y responsabilidad	Empatía y compasión Establecer vínculos Asertividad Capacidad para comunicar y ser receptivo Capacidad para escuchar Capacidad para analizar/ evaluar y adaptarse a las normas sociales Capacidad para prevenir y resolver conflictos Capacidad para contribuir al bienestar de otras personas Espíritu de equipo: colaboración Liderazgo Influencia y motivación Acompañamiento Altruismo	Dominio de los conocimientos básicos y especializados Dominio de las tareas y destrezas requeridas en la profesión Dominio de las técnicas necesarias en la profesión Capacidad de organización Capacidad de coordinación Capacidad para adaptarse a los cambios de planes Capacidad de trabajo en red Capacidad de innovación

INTELIGENCIA SOCIAL: SOCIABILIDAD

Poner en práctica nuestra inteligencia social es clave a la hora de convivir. Aunque es esperable y natural que al principio nos resulte algo incómodo o sintamos una ola de timidez, poco a poco y con paciencia nos será cada vez más fácil relacionarnos. Según Daniel Goleman, la inteligencia social se agrupa en dos categorías fundamentales: la conciencia social (lo que sentimos hacia los demás) y la aptitud social (lo que hacemos con esa conciencia social):

INTELIGENCIA SOCIAL

Conciencia social

La conciencia social se refiere a la capacidad instantánea de experimentar el estado emocional de otra persona hasta llegar a comprender sus sentimientos y pensamientos, y está compuesta por:

- **Empatía:** sentir lo que sienten los demás; interpretar adecuadamente las señales emocionales no verbales.
- **Sintonía:** escuchar de manera del todo receptiva; conectar con los demás.
- **Comprensión:** entender los pensamientos, sentimientos e intenciones de los demás.
- **Cognición social:** entender el funcionamiento del mundo social.

Aptitud social

Cuando somos conscientes de lo que sentimos por los demás es más fácil interactuar eficazmente con ellos. La aptitud social incluye:

- **Sincronía:** relacionarse con facilidad a un nivel no verbal.
- **Presentación de uno mismo:** saber presentarnos a los demás.
- **Influencia:** dar forma adecuada a las interacciones sociales.
- **Interés por los demás:** interesarse por las necesidades de los demás y actuar en consecuencia.

Fuente: Goleman, D. (2006), *Inteligencia social* (p. 120).

Toda socialización comienza con un primer encuentro con otra persona, sea conocida o desconocida. En este último caso, cuando conocemos a alguien nos formamos una primera impresión. Para la mayoría la primera impresión surge a partir de la imagen, la forma de vestir, los gestos, el comportamiento y la forma de comunicarse. Las primeras impresiones nunca son indiferentes. Pueden llevarnos a conectar con el otro de inmediato o a percibir algo, no sabemos qué, que nos produce un cierto rechazo. Quizá nuestra intuición nos susurre palabras de aviso para que estemos atentos y no confiemos, o tal vez necesitamos asumir que nos resulta difícil abrirnos a los desconocidos.

Me comentaba una mujer, con lágrimas en los ojos: «No sé por qué razón la novia de mi hijo no me gusta. —Cada vez que conocía a una nueva pareja de su hijo, automáticamente le producía miedo y rechazo—. No me gusta ninguna. Todas me parecen unas aprovechadas, que no son suficientes para él y que me van a hacer la vida imposible. Siento que se van a llevar a mi hijo y que mi relación con él cambiará. Tengo miedo a quedarme sola. Sé que soy yo la que tiene el problema, ya que es mi hijo pequeño y el favorito. Los demás ya se marcharon y es el único que me queda, y le da sentido a mi vida. Pero sé que no podré tenerlo a mi lado toda la vida. Él también necesita tener la suya. Así que cada vez que me presenta a una nueva chica, aunque sea muy buena, educada y lo que una madre querría para su hijo, mi primera impresión siempre es negativa y se lo digo a mi hijo. Esto nos lleva a discutir y después él se muestra distante e irascible conmigo. Siempre me responde que soy una madre posesiva y acaparadora, y me dice que si sigo teniendo esta actitud, voy a ser la responsable de destruir nuestra relación. Así que vengo a terapia para intentar resolver el problema que tengo con mi hijo, ya que no sé qué haría si desapareciera de mi vida. Lo quiero proteger, pero no sé cómo hacerlo sin ser sobreprotectora. El miedo me supera y no me deja vivir en paz».

La conexión y la química con otra persona pueden surgir de forma inmediata o puede ser un proceso lento. Hay personas con las que rápidamente compartimos gustos, intereses, inquietudes y penas, incluyendo el silencio. Pero a veces no existe chispa ni deseo por compartir espacio, tiempo ni palabras. No hay corriente ni intercambio de energía. Tener dificultad para conectar con otra persona no quiere decir que exista un conflicto. A veces la falta de conexión surge porque hay incompatibilidad de caracteres y personalidad. No estamos hechos para conectar con todo el mundo que nos rodea.

Es probable que, si pudiéramos elegir, lo ideal para la mayoría fuera convivir exclusivamente con aquellas personas que elegimos o que nos caen simpáticas; aquellas de trato ameno y fácil. Pero este escenario es más fantasía que realidad. De ahí la importancia de aprender a convivir de manera saludable no sólo con nuestros elegidos, sino también con aquellas personas a las que no elegimos o nos resultan de trato difícil. Y, como veremos más adelante, para conseguirlo debemos desarrollar nuestra inteligencia social e intuitiva, pero también nuestra capacidad para adaptarnos a los cambios y a las situaciones nuevas.

La adaptación al cambio: integrando lo nuevo

La vida es cambio; nada es inmutable. El mundo interior y el exterior están en proceso constante de transformación. Seamos conscientes o no de ello, de manera continua estamos empezando o terminando diferentes momentos y proyectos vitales. Sin embargo, aunque no podemos controlar todo lo que nos sucede en el día a día, sí podemos influir en los cambios y gestionarlos o adaptarnos a ellos. Lo cierto es que nos hallamos bajo el desafío continuo de los cambios políticos y sociales, de corrientes de pensamiento, de los avances de la ciencia y la medicina o de las nuevas tecnologías. Nuestra capacidad de adaptación se pone a prueba a diario independientemente del tipo de cambio (positivo o negativo, esperado o inesperado), lo que afecta al estado de ánimo, los hábitos y la toma de decisiones. Al final cada uno tenemos nuestros tiempos y ritmo para procesarlos, y conocerlos nos ayudará a afrontarlos mejor.

Los cambios suponen integrar cosas, situaciones y personas nuevas a nuestra vida. Es el acto de incorporar, incluir o unir algo o alguien. Sean situaciones o personas, este proceso puede resultarnos más o menos difícil, y no pocas veces nos resistimos o nos vemos forzados a aceptarlos. Como resultado tenemos que volver a estructurar nuestro sistema mental y aplicar nuevas formas de hacer las cosas. Adaptarse es aceptar la existencia de algo nuevo e integrarlo de la mejor manera posible en nuestra vida sin que nos distorsione o desestabilice demasiado.

Tomarse un tiempo para adaptarse a los cambios nos facilita el proceso de adaptación, más aún en los momentos difíciles. No olvidemos que frente a una fuerte tormenta los árboles más rígidos son los primeros en romperse y caer. En cambio, aquellos que son más flexibles y se doblan como el bambú son los que tienen más probabilidad de sobrevivir. Es decir, los árboles con la capacidad para adaptarse a la fuerza y a la dirección del viento son los que al final superarán la tempestad. Lo mismo ocurre con las personas. Aquellas que tienen una actitud flexible frente a los cambios de la vida, incluyendo la diversidad de opiniones o costumbres de los otros, tienden a sufrir menos conflictos desagradables y a construir relaciones saludables. Por lo tanto, practicar la capacidad de ser flexible, como lo hace el bambú, al final nos ayudará a sobrevivir y superar cualquier tormenta.

2

Los no elegidos de nuestra vida

Todo ser humano desea que lo traten con justicia. Para que nos traten de forma justa debemos expresar de forma clara, simple y eficaz nuestras preferencias, necesidades, opiniones, quejas y otros sentimientos. Nadie debe hacerlo en nuestro nombre. Tenemos la obligación de expresar nuestras necesidades. Pero también tenemos la obligación adicional de hacerlo de una forma apropiada y productiva. Si no lo hacemos, no sólo nos estamos privando de lo que merecemos, también estamos privando a los demás de las contribuciones reales que podemos aportar.

DALE CARNEGIE,
Las cinco habilidades esenciales
para tratar con las personas

ELEGIDOS Y NO ELEGIDOS: ¿DE QUIÉNES ESTAMOS HABLANDO?

Ser o no ser elegido, ésa es la cuestión. A veces somos nosotros los que elegimos y a veces son otros los que nos eligen. Si nos paramos a pensar en las personas que elegimos para que formen parte de nuestra vida, ya sea para el largo o el corto plazo, es probable que nos encontremos con algunos amigos y la pareja. Todos los demás, incluidos nosotros mismos, la propia familia (padres, hermanos...), la familia política, los amigos de nuestros amigos, los amigos de nuestra pareja, los compañeros de trabajo o los vecinos son no elegidos. Es decir, no los elegimos por propia voluntad y por una u otra razón nos vienen dados. Todas las relaciones personales forman parte del desarrollo y crecimiento personal; están siempre presentes en la memoria y los recuerdos. No obstante, algunos elegidos o no elegidos a veces se convierten en pilares o referentes esenciales de nuestra historia vital, pues marcan nuestro pasado, presente y futuro.

Los elegidos suelen ser minoritarios, pero los incluimos en nuestra vida de forma voluntaria. Sin embargo, los no elegidos son la mayoría y, queramos o no, debemos aprender a convivir con ellos y aceptar que, por una razón o por otra, tenemos que compartir espacio, tiempo y energía.

Como podemos observar en el cuadro de la página siguiente, la gran mayoría de la gente que nos rodea y que forma parte de nuestro día a día son personas no elegidas. Nosotros mismos y nuestra familia estamos presentes en nuestra vida desde que llegamos al mundo. Pero otros muchos no elegidos aparecen por diferentes circunstancias de la vida, ya sea por elección de otros, por motivos de fuerza mayor o porque vienen acompañadas de nuestros elegidos. Todos los no elegidos ocupan un lugar en nuestra vida de forma diferente. Sea de forma más cercana o distante, para bien o para mal, nos vemos forzados a convivir con ellas momentáneamente o en la cotidianidad. Por lo tanto, saber gestionar la conviven-

ELEGIDOS	NO ELEGIDOS
• Los amigos • La pareja (hasta tener hijos; ante la separación de la pareja con hijos, se deberá mantener un vínculo, aunque sea mínimo, con la expareja, pues se comparte la responsabilidad del cuidado de los hijos)	• Nosotros mismos • La familia propia (padres, hijos, abuelos, primos...) • La familia política (familia de la pareja, novio o novia o cónyuge) • Los hijos de la pareja (relaciones anteriores) • La familia de los amigos y los compañeros de trabajo • Los amigos de los amigos • Los amigos de la pareja (amigos políticos) • Los amigos de nuestros compañeros de trabajo • Los jefes y compañeros de trabajo propios • Los jefes y compañeros de trabajo de nuestros familiares, parejas y amigos • Los profesores, mentores y padrinos • Los pacientes • Los clientes • La comunidad de vecinos de nuestra casa, barrio y distrito • Los gobernantes • Las personas con las que compartimos un viaje en avión o cualquier transporte público (tren, autobús, carretera...) • Las personas con las que nos cruzamos por la calle y los conductores • Las personas que nos rodean en las aglomeraciones multitudinarias

cia con ellos será imprescindible para nuestro bienestar. No obstante, no debemos olvidar que nosotros también somos no elegidos para otras personas. Así pues, antes de entrar a evaluar a los demás, considero importante y esclarecedor comenzar por explorarnos a nosotros mismos y preguntarnos: ¿Cómo me percibo como compañero de convivencia? ¿Me considero una persona de fácil convivencia o soy de trato difícil?

Convivir conmigo: ¿soy un buen compañero de convivencia?

La primera persona no elegida y más relevante, la que nos acompaña desde el principio de nuestra existencia hasta nuestro último suspiro, somos nosotros mismos. No elegimos nacer, pero estamos forzados a convivir con nosotros mismos, estemos despiertos o dormidos veinticuatro horas al día, siete días a la semana y durante toda nuestra vida. Venimos al mundo con un ADN, un carácter y una forma de ser. Para bien o para mal, es lo que hay. Aunque existen aspectos de nosotros y nuestra vida que podemos cambiar, hay otros que no y que debemos aceptar. Aprender a convivir con nosotros mismos desde la comprensión y la amabilidad es fundamental para nuestra salud mental. No sólo nos ayudará a sacar lo mejor de nosotros y vivir más felices, sino también a ser buenos compañeros de convivencia para los demás a pesar de no ser elegidos por ellos. Pero antes de profundizar en este tema y analizar cómo somos y nos comportamos como compañeros de convivencia, quiero avisar al lector de que, con el fin de facilitar la lectura y por dedicarle el espacio que le corresponde por su relevancia, he optado por dedicar el capítulo 5 a tratar al detalle la convivencia con nosotros mismos, la más importante de nuestra vida y donde comienzan a construirse los primeros vínculos afectivos.

Tener la humildad para revisarnos y evaluar si somos buenos compañeros de convivencia es un ejercicio que todos debemos hacer de vez en cuando. Nos ayudará a identificar virtudes y habilidades sociales positivas, y además nos llevará a averiguar qué aspectos necesitamos mejorar y cambiar con el fin de cuidar nuestras relaciones. Un ejercicio sencillo con el que podemos empezar es hacernos las siguientes preguntas y responder con total sinceridad (cada uno puede adaptarlas a diferentes contextos: familiar, laboral, social...):

- ¿Me considero un buen compañero de convivencia?
- ¿Me considero una persona fácil o difícil con la que convivir?
- Si yo tuviera que convivir conmigo, ¿querría hacerlo?
- ¿Me gusto como no elegido en mis relaciones con los demás?
- ¿Cuál es mi actitud y comportamiento general cuando me relaciono con mis no elegidos?
- ¿Me comporto de forma amigable y educada, o resistente y desafiante?
- ¿Muestro interés o desinterés por los demás?
- ¿Invierto energía en conocerlas más profundamente o las ignoro y tengo una actitud indiferente?

Con el fin de profundizar un poco en las respuestas anteriores, propongo hacer el siguiente ejercicio: describir cinco cualidades positivas y cinco negativas respecto a uno mismo como compañero de convivencia:

MIS CUALIDADES POSITIVAS EN LA CONVIVENCIA

1. _____

2. _____

3. _____

4. _____

5. _____

MIS CUALIDADES NEGATIVAS EN LA CONVIVENCIA

1. _____

2. _____

3. _____

4. _____

5. _____

A partir de las respuestas obtenidas, propongo las siguientes diez preguntas con el fin de intentar identificar aspectos que el lector considere que se pueden y se quieren o no cambiar. A partir de esas respuestas podrá tomar las decisiones pertinentes respecto a lo que desea y considera que debería cambiar para contribuir positivamente a sus relaciones:

1. Si las personas de mi entorno tuvieran las mismas características negativas que yo, ¿querría seguir conviviendo con ellas?

2. De las cinco posibles respuestas negativas, ¿existe alguna que se podría cambiar?

3. ¿Me merece la pena hacer el esfuerzo por cambiar alguna? ¿Cuál de ellas?

4. ¿Considero que las personas de mi entorno me lo agradecerían y notarían el cambio?

5. ¿Estoy dispuesto a emplear la energía y el esfuerzo para cambiar? ¿Por qué sí o no lo haría?

6. En caso de haber respondido que sí estaría dispuesto, ¿considero que debo recibir algo a cambio? ¿Qué necesito y merezco?

7. En caso de haber respondido que no estaría dispuesto a emplear la energía para cambiar mi aspecto negativo, ¿considero que existen consecuencias negativas? Si la respuesta es sí, ¿cuáles son? ¿Me sigue compensando mantenerme en el no cambio?

8. En caso de haber respondido que sí estoy dispuesto a cambiar, ¿identifico los pasos que debo seguir?

9. ¿Consideraría la opción de pedir ayuda a alguna persona de mi confianza o de un profesional?

10. ¿Creo que puedo conseguir mi objetivo? ¿Tengo esperanza y confianza en mí mismo?

Todo cambio empieza a partir del momento en que tomamos la decisión de cambiar. Para ello necesitamos crear un plan de acción y comprometernos a invertir la energía y el tiempo necesarios para conseguirlo. Ningún cambio relevante ocurre de la noche a la mañana. Cambiar los hábitos de convivencia no es una labor fácil, pero hacer el esfuerzo merece la pena, ya que la recompensa es vivir tranquilos y en armonía con nosotros mismos y los demás.

Como señalaba, la buena o mala convivencia que tengamos con otras personas depende en gran parte de nuestra actitud, personalidad, nuestros hábitos, manías, comportamiento, habilidades sociales y la forma de percibirnos y de ser percibidos por los demás. La visión que tenemos de nosotros mismos puede o no coincidir con la de otros. Pero no pocas veces observo sorpresa ante las descripciones ajenas. Por ejemplo, a veces trabajo con personas que se consideran a sí mismas inseguras, frágiles y llenas de defectos, y les desconcierta que los demás las consideran seguras, fuertes y llenas de virtudes. «No me veo como me ven los demás —me comentaba un hombre durante una sesión—. Siento que no me conocen de verdad, que los tengo a todos engañados, como si fuera un impostor. Soy consciente de mis buenos resultados, de que me aprecian en el trabajo, pero a veces me siento inseguro y creo que no tengo el conocimiento suficiente. Tengo un temor constante a equivocarme y a menudo siento que no me merezco el reconocimiento recibido». Algunas personas sufren el «síndrome del impostor», es decir, consideran que no merecen el éxito que han conseguido y se perciben como un fraude. Dudan de sus logros, no reciben bien los elogios y con frecuencia asocian sus éxitos a un golpe de buena suerte. Creer que nunca están a la altura de las circunstancias, que no son lo bastante competentes o capaces; sufren profundamente porque se fijan más en sus defectos y carencias que en sus fortalezas y virtudes. Las investigaciones apuntan que este síndrome se caracteriza por el miedo al fracaso y el pesimismo.

Somos seres imperfectos con defectos, limitaciones, manías e inseguridades, pero también tenemos virtudes y la capacidad para aprender a cambiar y mejorar. Para ello necesitamos ser autocríticos, pero siempre de forma constructiva. En mi día a día como psicoterapeuta observo que a la mayoría de la gente le resulta más sencillo evaluar, criticar e incluso hacer sugerencias de cambio a los demás que a sí mismos. Como dice el refrán popular: «Es más fácil encontrar la paja en el ojo ajeno que la viga en el propio». Por ejemplo, esto ocurre cuando estamos conduciendo en un atasco rodeados de otros conductores (personas no elegidas), a los que culpamos de nuestro estrés y embotellamiento. Sin embargo, pocas veces nos planteamos que también nosotros formamos parte del tráfico y somos fuente de estrés para otros; somos parte del problema.

La autocrítica a veces es una tarea difícil y, en mi experiencia como psicóloga, casi imposible para algunos; la culpa es siempre del otro. «Yo no he sido», «No es culpa mía», «Yo siempre soy el que paga el precio» son algunos de los comentarios más frecuentes de aquellos que tienen dificultad para ejercer la autocrítica. Mientras unos se ahogan en su propia autocrítica, se culpan de todo y viven en un torbellino constante de autoexigencias y responsabilidades, otros ni se plantean la posibilidad de tener un ápice de responsabilidad. No existe en ellos la capacidad para observarse y evaluarse. Consideran que son dueños de la verdad y que tienen la razón absoluta; la responsabilidad de los conflictos es siempre de los demás. Esta actitud acaba teniendo consecuencias muy serias en las relaciones tanto con los elegidos como con los no elegidos. Y con frecuencia se paga un precio muy alto: pérdida, aislamiento y soledad.

Ernie Zelinski, autor del texto «Querer tener razón a toda costa es igual que ser un héroe muerto. No hay recompensa», explica de manera muy interesante el inconveniente que puede llegar a ser mantenerse rígido y orgulloso respecto a la forma de interaccionar con el mundo, sobre todo durante los conflictos. A continuación adjunto el texto completo que tan generosamente me ha permitido transcribir:

> Todos nos dejamos atrapar por el deseo de querer demostrar que los demás están equivocados y nosotros tenemos la razón. Seguimos insistiendo en que tenemos razón en lugar

de estar vivos y abiertos a las opiniones y experiencias de los demás.

En la vida hay muchas ocasiones en las que tener razón en algo no tiene una verdadera recompensa. Nos sentimos impulsados a tener razón incluso aunque pueda salirnos muy caro desde el punto de vista de la amistad, dinero, daño físico, satisfacción, felicidad o agudeza. Por ejemplo, hay muchos miembros de una familia que hace años que no se dirigen la palabra, debido a alguna discusión más bien insignificante que se produjo hace mucho tiempo, y como resulta que ambas partes tienen razón, nadie hace un esfuerzo especial por rectificar.

Tener razón nos proporciona ratificación, y la responsable de este estado de cosas es nuestra mente. La mente funciona de una manera tal que siempre quiere estar en lo cierto y se aferra a ideas, opiniones y creencias, por equivocadas o erróneas que puedan ser. El juego consiste en tener razón y hacer que los demás se equivoquen. La mente quiere dominar y evitar el dominio, y ése es el motivo de que pase tiempo invalidando a los demás y justificándose a sí misma.

La mente puede crear problemas cuando el que la controla es el ego. Uno debe enfrentarse a él de un modo adecuado, lo que no quiere decir que tenga que liberarse completamente de él. Eso será lo último en la cuestión de tener razón. El truco es controlar el ego y que no sea éste el que le controle a uno. De lo contrario la mente puede llegar a extremos increíbles para racionalizar su comportamiento irracional.

Hacer que los demás estén equivocados y que sea uno el que tenga razón no es una manera eficaz de elevar su autoestima. Siempre que uno sepa que está en lo cierto, no debería tener la necesidad de ir por ahí demostrando que los demás están equivocados. Intentar demostrar cuánta razón tiene respecto a todo puede ocupar mucho tiempo y energía. Y al igual que uno no quiere estar de acuerdo con todos aquellos con los que habla, no todo el mundo tiene que estar de acuerdo con uno. La postura más importante debería ser la felicidad, y cuanta más confianza se tenga en ella, menos energía debería tener que desperdiciarse defendiendo la propia razón.

El problema que presenta el tener razón con tantos temas es que incluso cuando uno gana, pierde. Se puede terminar por tener razón desde la perspectiva de la mente, pero eso puede costar muchas cosas, incluyendo el poder disfrutar de la vida. Debemos preguntarnos: «¿Qué prefiero, tener razón o ser feliz?», ya que debemos tener presente que tener razón a toda costa es igual que ser un héroe muerto. No hay recompensa.

El papel de los no elegidos de nuestra vida

Cuando exploramos a fondo nuestros no elegidos conviene identificar el lugar que ocupa cada uno en nuestra vida, así como valorar el grado de satisfacción que sentimos respecto a la relación que tenemos con ellos. Tener claro con quién podemos contar, quiénes son las personas que suman y nos dan confianza, y quiénes son tóxicos y nos arrebatan la serenidad es fundamental para poder decidir cómo relacionarnos, dónde poner los límites y, sobre todo, cómo proteger nuestro bienestar.

Con este fin propongo al lector que realice (si le apetece) un pequeño y rápido ejercicio: *La rueda de mis relaciones personales de mis no elegidos* para valorar del 1 al 10 el grado de satisfacción de convivencia. El objetivo es identificar y poner atención en aquellas relaciones que son satisfactorias (éstas están por encima de la media: 5) e identificar las insatisfactorias (éstas se encuentran por debajo de la media: 5). (En mi opinión personal los libros son una herramienta de trabajo; escribir en ellos, «mancharlos», hacer apuntes o tomar notas es positivo. No obstante, si quiere mantener la confidencialidad de sus respuestas, le animo a que haga su propio diagrama en un papel aparte y lo guarde con cuidado y con cariño ☺).

A la hora de evaluar nuestras relaciones conviene que seamos lo más sinceros y objetivos posible. La calidad de la convivencia va a depender en gran parte de nuestra forma de ser, de nuestras expectativas, de la manera en la que hemos aprendido a relacionarnos con los demás y, sobre todo, del vínculo de afecto y confianza que tengamos con ellos. Por lo tanto, a la hora de convivir puede ser conveniente plantearnos algunas cuestiones con el fin de decidir el tipo de relación que queremos construir con cada uno, por ejemplo:

- ¿Qué sentimientos me despierta esta persona?
- ¿Conecto emocionalmente con ella?
- ¿Quiero construir un vínculo de amistad? ¿Pareja? ¿Profesional?
- ¿Siento atracción sexual?
- Si es una persona del entorno laboral, ¿me gustaría trabajar y construir un proyecto profesional con ella?
- En caso de no conectar o de no gustarme la forma de ser de esa persona, ¿qué actitud quiero o creo que debo tener con ella? ¿Le dejo saber mis sentimientos sinceros? ¿Qué consecuencias puede tener que decida compartir mis sentimientos de rechazo? ¿Será más conveniente invertir mis energías en ser educado, cordial y diplomático?

Nuestras relaciones, sean o no satisfactorias, nunca son ni serán perfectas, pero a veces existe la posibilidad de mejora. Si es así, podemos analizar esta posibilidad y tomar la decisión de hacer algo al respecto; depende de nosotros y de lo que estemos dispuestos a hacer. Sin embargo, en algunos casos la mejoría no es posible. Puede que exista una distancia física que lo impida, falta de tiempo, o tal vez no haya nada más que hacer, decir o dar. Algunas relaciones debemos aceptarlas sin acritud. Pero cabe señalar que esta capacidad de aceptación no debe confundirse con aceptar una relación desde un sentimiento de resignación frustrado. A veces, aceptar la realidad del momento es también una forma de no caer en falsas expectativas, pensamientos obsesivos y desgastantes. Aprender a aceptar nuestras relaciones sin entrar en una lucha de poderes con otros o con uno mismo es muy útil, ya que nos ofrece la oportunidad para centrar nuestras energías en la realidad y en las cosas que queremos cambiar y mejorar.

A la hora de convivir con las personas de nuestro entorno, hemos podido comprobar que la mayoría es no elegida (tabla de la p. 42). Existen tantos no elegidos en nuestra vida que a menudo no somos conscientes de con cuántas personas nos cruzamos sin intercambiar palabra o mirada. La mayoría son absolutos desconocidos, pero otros, sin buscarlo ni desearlo, o incluso sin esperarlo, de pronto ocupan un lugar en nuestra vida. Muchos no elegidos surgen circunstancialmente o por elección de otros. A veces es temporal, pero otros llegan para quedarse de forma más permanente; cuando tenemos pareja, a menudo nos sentimos obligados a incluir en nuestro calendario a sus elegidos y no elegidos, aquellos que se convierten en familia política o «amigos políticos».

Aprender a convivir con los no elegidos puede ser un gran desafío. Con frecuencia trabajo con personas que sufren muchísimo por culpa de las relaciones difíciles y complicadas, incluso tóxicas, con algún no elegido. Sea del entorno familiar o laboral, una relación negativa con un no elegido puede llegar a ser muy destructiva y una de las mayores fuentes de estrés, ansiedad e incluso depresión, de manera que o aprendemos a gestionar estas relaciones con conciencia y conocimiento, teniendo claro el papel que ocupan en nuestra vida, qué queremos y dónde están nuestros límites, o la relación puede desestabilizarnos emocionalmente hasta límites insospechados. Por lo tanto, conocernos, aprender a cuidarnos y saber gestionar las relaciones con los no elegidos con cabeza y corazón nos ayudará a vivir tranquilos y serenos.

SER Y TENER FAMILIA PROPIA Y POLÍTICA: LOS NO ELEGIDOS PERMANENTES

Como vimos en páginas anteriores, el primer escenario de nuestra vida y el lugar donde experimentamos emociones por primera vez es el entorno familiar. Es aquí donde se construyen los pilares de nuestra personalidad, aprendemos a crear vínculos afectivos y descubrimos tanto los sentimientos de amor, seguridad y conexión como los de inseguridad, desprotección, abandono y desamor.

Desde el momento en que nacemos y durante los primeros veinte años de nuestra vida desarrollamos en el entorno familiar los pilares y habilidades para afrontar la adversidad. Es durante este tiempo cuando aprendemos a confiar y a ser confiables, a hacer amigos, a compartir y a dar y recibir. Sin embargo, para poder convivir de manera saludable, también necesitamos aprender a defendernos, a negociar y a poner límites de forma asertiva y con buenos modales. No olvidemos que saber estar es una cualidad que facilitará en gran medida las relaciones personales. Por lo tanto, cabe señalar que es también en el entorno familiar donde aprendemos a tomar las primeras decisiones, a decir «sí quiero» y «no quiero», y a gestionar las emociones incómodas a la hora de tener que poner límites a otros o a la hora de expresar nuestros deseos y desacuerdos. Está comprobado que crecer en un entorno conflictivo y agresivo, en el que expresar las necesidades y opiniones es motivo de castigo o humillación, es muy perjudicial para el desarrollo de la personalidad y la autoestima. Crecer creyendo que es malo expresarse, defenderse o decir «no» es caldo de cultivo para la ira y las conductas autodestructivas. En mi experiencia profesional he podido observar que algunas personas han llegado a convertirse en seres miedosos, pasivos-agresivos, dependientes o sumisos por haber crecido en un entorno en el que se los anuló y se los maltrató emocionalmente. Por tanto, es esencial que exista ese espacio para poder desarrollar la asertividad; el arte de saber decir «no».

Más allá de la relación que tengamos con nuestros familiares directos, existe un contexto familiar en el que las personas que tienen pareja deben aprender a convivir con «la otra familia» o la familia política. ¿Quién no ha oído en alguna ocasión algún chiste, frase o comentario sobre los suegros o cuñados, en especial durante las fiestas, las celebraciones familiares, las vacaciones o algún que otro fin de semana?

Las tradiciones familiares y culturales tienen un papel importante en la convivencia. Al crecer con ellas, la mayoría se suelen dar por sentadas y no se cuestionan. Para muchas personas determinadas fechas del calendario están vinculadas a pasarlas en familia sí o sí; es una obligación. Este compromiso forzoso es con frecuencia un motivo de conflicto de pareja o familiar, sobre todo cuando alguien no cumple las expectativas. Como resultado surgen las discusiones cargadas de reproches entre unos y otros. Aquel que incita un cambio en las dinámicas tradicionales familiares a menudo se convierte en diana de críticas y comentarios negativos como: «¡Quién te crees que eres para venir aquí y cambiar nuestras tradiciones! ¡No tienes ningún derecho!», «¡Sigue las reglas y punto! Aquí hacemos las cosas de una manera determinada; o estás con nosotros, o estás contra nosotros».

Las familias muy estrictas y rígidas se caracterizan por tener normas de convivencia severas y las consecuencias del incumplimiento pueden ser demoledoras. Sin embargo, sin llegar a estos extremos, todas las familias sufren un proceso de adaptación y reajuste cuando se incorpora un nuevo miembro. Ya sea por el nacimiento de un hijo o la inclusión de una pareja, a partir del momento en el que se integra una persona nueva al grupo todo el sistema familiar cambia. Como resultado todos sus miembros se ven obligados a adaptarse y a aprender nuevos hábitos y costumbres, así como a cumplir nuevas expectativas.

Con los años he podido observar que para muchas personas antes, durante y después de las celebraciones y las vacaciones familiares y escolares, son momentos de mucho estrés y conflictos. Una gran mayoría de los psicoterapeutas tenemos identificados los meses de enero, septiembre y diciembre como los meses asociados al estrés agudo, la irritabilidad y el desgaste emocional de muchos pacientes después de pasar tiempo en familia. Algunas personas comentan que están deseando retomar el trabajo o los estudios con tal de perder a los otros de vista: «Qué ganas de volver al trabajo y dejar de tener que soportar a mis suegros y cuñados», «Estoy deseando retomar mi rutina para no tener que discutir más con mi pareja. Si sigo así, estoy dispuesto a romper la relación. No puedo más», «A veces me arrepiento de haberme casado/de haber tenido hijos. Me encantaría poder irme de vacaciones con mis amigos y no sentir que estoy en una cárcel». Éstos son algunos ejemplos de comentarios que escucho con frecuencia durante estas fechas. Sin embargo, durante los meses de confinamiento más duros por la pandemia de la COVID-19, he podido observar que mientras algunas personas se sentían atrapadas trabajando en sus hogares y obligadas a convivir con sus familiares veinticuatro horas seguidas, día tras día, sin apenas poder poner distancia entre ellas, lo que provocaba numerosos conflictos y un aumento de rupturas de pareja, para otras personas la imposibilidad de reunirse era motivo de tristeza y sentimientos de soledad, y eso incluso en casos en los que en circunstancias normales los conflictos familiares eran frecuentes. Por ejemplo, durante los periodos más restrictivos muchas personas compartían conmigo sus reflexiones respecto a sus relaciones familiares y decían: «No suelo llevarme bien con mis padres, pero ahora que no puedo pasar tiempo con ellos, los echo mucho de menos. Me he dado cuenta de lo importantes que son para mí y de que muchas de nuestras discusiones eran por cosas superficiales y no tan importantes. Creo que el confinamiento me ha ayudado a reflexionar sobre mi relación con ellos y en cuanto pueda pasar tiempo con ellos, he decidido tener una actitud diferente y más positiva. Aunque a veces me producen irritabilidad, me he dado cuenta de que no van a estar aquí siempre. Por tanto, quiero aprovechar el tiempo que tenemos para que sea más agradable».

Sin embargo, algunas relaciones familiares son muy tóxicas; la dinámica es agresiva, dañina y produce mucho más que sentimientos de irritabilidad. Para algunas personas, los meses de confinamiento más restrictivo, en que no se podían hacer reuniones familiares, fueron un bálsamo de paz y serenidad. «Estos meses de distancia me han ayudado a descansar, sobre todo emocionalmente —me comentan algunos pacientes—. Nunca me imaginé que fuera posible sentirme tan libre de las garras de mi madre/padre/hermano. Y ahora me preocupa qué voy a hacer cuando se levanten las restricciones. Me produce ansiedad pensar en tener que volver a las rutinas anteriores de pasar cada fin de semana o fiesta con mi familia, cuando me hacen tanto daño. Hay una parte de mí que vive atemorizada al pensar en volver a la dinámica anterior».

Con frecuencia es en la familia propia o la política donde se encuentran los no elegidos más difíciles de gestionar. Las diferencias personales, los desencuentros y el grado de cercanía se consideran a menudo grilletes emocionales que despiertan sentimientos de rabia y frustración. Sin embargo, como señalaba en el apartado anterior, no debemos olvidar que también somos para ellos un no elegido.

Aunque a veces pensamos que los pesados son «los otros», es muy posible que en muchas ocasiones seamos nosotros los pesados y la fuente de irritabilidad, e incluso el motivo de conflicto. Por lo tanto, es recomendable prestar atención a lo que decimos y hacemos, y ejercer la paciencia y el autocontrol. Aunque los motivos de tensiones pueden variar, algunas claves para subsanarlas incluyen ser prudente y educado. Pero no debemos engañarnos: aprender a aplicar estrategias constructivas y diplomáticas para que una relación forzada e impuesta con alguien que no hemos elegido sea amena y cordial es un verdadero arte. Por esta razón es esencial desarrollar estrategias de supervivencia que ayuden a sobrevivir y sobrellevar los momentos más difíciles. A partir de las circunstancias y necesidades personales, desarrollar estrategias de supervivencia consiste en crear un plan de acción personalizado con el fin de poder cuidarse y protegerse de forma asertiva y constructiva aplicando, entre otras, las recomendaciones siguientes:

- Evitar gritar y hacer ruidos fuertes y estridentes. Evitar comentarios sarcásticos, irónicos y humillantes con el fin de minar las relaciones, y evitar las malas interpretaciones.
- Evitar hablar de temas peliagudos que ya se sabe que son motivo de conflicto.
- No entrar al trapo ante una provocación, sea de quien sea. Hacer oídos sordos.
- Evitar abusar del alcohol, ya que a menudo se pierde el control de lo que se dice y se hace.
- Buscar momentos de distanciamiento físico (dar paseos, salir a la compra...), interactuar con amigos.

En el ámbito de la familia política, muchas personas consideran que sufren consecuencias negativas por el hecho de tener pareja. «Mi familia política es inaguantable, ¡no puedo más! Me hacen la vida imposible», «En mi familia política se meten donde no los llaman», «Se creen que pueden hacer y deshacer a su gusto sin preguntar», «Se sienten con derecho a opinar y decirme lo que tengo que hacer», «Se creen mejores que los demás», «Creen que tengo que estar siempre a su disposición» son algunos comentarios que escucho con frecuencia. Sin embargo, pocas veces esas personas se perciben a sí mismas como familia política de los otros, es decir, los incluidos en un sistema ya existente. Ni se plantean que son ellas las que tienen una actitud resistente y conflictiva, y se dejan llevar por el lema «No soy yo, son ellos». No olvidemos que podemos ser el cuñado de alguien, aunque no tengamos pareja. Por lo tanto, si el lector es cuñado, suegro, nuera..., le recomendaría que se hiciera las siguientes diez preguntas:

1. ¿Cómo te describirías a ti mismo como familia política?
2. ¿Te consideras agradable, sociable e intentas hacer la vida fácil? ¿O eres indiferente o conflictivo?
3. ¿Muestras interés por los miembros de tu familia política?
4. ¿Estás presente y eres generoso o estás ausente?
5. ¿Eres crítico, amable, respetuoso?
6. ¿Tienes una opinión para todo y te metes donde no te incumbe, aunque no te hayan preguntado?
7. ¿Siempre dices lo que piensas?
8. Como familia política, ¿te sientes con el derecho a opinar?
9. ¿Consideras que los otros son raros o hacen cosas fuera de lo común?
10. ¿Te consideras una persona que sabe adaptarse a las costumbres de los otros?

La razón por la que propongo estas preguntas es porque suelen estar asociadas a las quejas más frecuentes sobre la familia política; por tanto, también pueden aportar información relevante respecto a uno mismo y sobre cómo gestionamos nuestras emociones y opiniones acerca de un sistema familiar diferente al nuestro. Sólo nosotros podemos, desde la sinceridad, responder a estas preguntas.

En conclusión, si tienes pareja, tienes familia política, y

eso con independencia de la edad, tengas veinticinco, cuarenta y cinco, o sesenta y cinco años, estés o no casado, vivas o no bajo el mismo techo con él o con ella, o llevéis juntos sólo unas semanas, unos meses o varios años. Cuando se tiene pareja, ésta viene con un complemento añadido: una maleta llena de amigos, compañeros de estudios y trabajo, y, por supuesto, su familia. Por lo tanto, se podría decir que cuando eliges tener una relación de pareja, adquieres, sin haberlo elegido, «amigos políticos» y «compañeros políticos», además de una «familia política». Sin embargo, debemos recordar que uno también se convierte en un «político» para ellos; en un no elegido. Y por cariño o respeto a tu pareja, ellos también se verán forzados a incluirte en su círculo. Por consiguiente, en la mayoría de los casos compensa hacer un esfuerzo por construir relaciones amenas y cordiales, así como intentar contribuir al bienestar del sistema familiar en el que nos han incluido.

Nuestra personalidad: la compatibilidad en la convivencia

¿Por qué será que a veces congeniamos mejor con algunas personas que con otras? Ante esta pregunta la mayoría responde: «Por la personalidad». Somos más compatibles cuando tenemos características en común, la comunicación fluye y nos entendemos mutuamente; conectamos en nuestra forma de ser, de sentir y de hacer.

¿QUÉ ES LA PERSONALIDAD?

La personalidad es el conjunto de cualidades y rasgos que configuran nuestra forma de ser y que nos diferencian de los demás. Nuestros rasgos de personalidad son características relativamente persistentes y estables a lo largo de nuestra vida, aunque pueden evolucionar a partir de las experiencias vividas. La personalidad se manifiesta a partir de nuestros pensamientos, sentimientos, actitudes, hábitos y comportamiento.

Con frecuencia cuando describimos a alguien comentamos sobre su forma de ser y su temperamento. Tener una personalidad abierta y cercana es una cualidad positiva que define a una persona que despierta confianza y simpatía, mientras que tener un carácter difícil y conflictivo se asocia a una forma de ser complicada y de trato difícil. Cuando hablamos de personalidad, utilizamos los términos «carácter» y «temperamento» como sinónimos. Sin embargo, existen algunas diferencias que debemos tener en cuenta:

El temperamento

Es la parte de la personalidad desde un punto de vista biológico y genético. Cuando nacemos, podemos ser un bebé con un temperamento fácil (sonriente, sociable y tranquilo) o un temperamento difícil (llorón, poco sociable e inquieto/nervioso). Las personas con un temperamento fácil suelen ser más adaptables y flexibles a los cambios, mientras que aquellas con un temperamento difícil se caracterizan por ser más rígidas, exigentes y demandan más energía y esfuerzo; dan más trabajo. Las características de nuestro temperamento son más difíciles de modificar porque son parte de nuestra constitución genética. Nacemos con un temperamento determinado.

El carácter

Es la suma del temperamento (la forma de ser heredada) y de todos los aprendizajes incorporados en forma de hábitos personales y culturales, y habilidades sociales y educativas. Así pues, el carácter tiene un componente temperamental (innato) y cultural/ambiental (adquirido). A diferencia del temperamento, que no es modificable porque es genético, el carácter sí puede modificarse en parte al ser susceptible de cambio e influenciable por el entorno social.

La personalidad

Es la suma del carácter (temperamento + aprendizajes culturales y ambientales) y la conducta. Existen aspectos de nuestra personalidad que son estables en el tiempo. Pero a partir de las experiencias vividas y los aprendizajes, tendremos una forma de pensar, de sentir y de comportarnos que conforma un sistema multidimensional que construye los rasgos de nuestra personalidad. Y aunque no existe una definición exacta de la personalidad, sí existe un acuerdo generalizado en cuanto a que es un sistema complejo multidimensional que caracteriza nuestra forma de ser.

En el siguiente cuadro se resumen las diferencias entre estos conceptos:

TEMPERAMENTO, CARÁCTER Y PERSONALIDAD	
Temperamento (Herencia genética)	• Fácil (sonriente, sociable, tranquilo y adaptable) • Difícil (llorón, poco sociable, inquieto, nervioso y menos adaptable)
Carácter	Temperamento + Aprendizajes/Experiencias (culturales, sociales y educativas) Innato + Adquirido
Personalidad	Carácter + (Pensamientos + Sentimientos + Conducta)

Modelos de personalidad: los cinco grandes

Existen numerosas teorías y estudios sobre la personalidad; no obstante, en la actualidad uno de los modelos más reconocidos que estructura los rasgos de nuestra forma de ser es el denominado *Modelo de los cinco grandes* (*The Big Five Model*). Este modelo lo desarrollaron originalmente Paul Costa, Robert McCrae, Warren Norman y Lewis Goldberg, y a lo largo de los años se han recolectado datos de más de diez mil personas. De acuerdo con los investigadores, la personalidad evoluciona con el tiempo y no se detiene al cumplir los treinta años, como se pensaba en un principio. Este modelo estructura el estudio de la personalidad en cinco dimensiones: extraversión/sociabilidad, neuroticismo, amabilidad, apertura a la experiencia y la responsabilidad, y cada una incluye cualidades generales asociadas.

MODELO DE PERSONALIDAD DE LOS CINCO GRANDES	
Extraversión/ sociabilidad	Mide el grado de sociabilidad, estimulación y placer en las relaciones sociales. Introversión/extraversión, habilidades sociales, asertividad, proactividad, rasgos pasivos/activos. Las puntuaciones altas indican que nos encontramos frente a individuos sociables, habladores, abiertos a los otros, optimistas, amantes de la diversión o afectuosos. Por otro lado, las puntuaciones bajas se corresponden con individuos reservados, sobrios, no eufóricos, callados o retraídos.
Neuroticismo	Estabilidad emocional y gestión de las emociones negativas. Estado de ánimo bajo, estrés y mal humor. Una puntuación elevada en neuroticismo sería indicadora de personas preocupadas, nerviosas, emocionales, inseguras o hipocondríacas. Por el contrario, los individuos con una puntuación baja se caracterizarían por ser relajados, no emocionales, seguros, resilientes, autosatisfechos o con alta autoestima.
Amabilidad	Estudia el grado de cordialidad, simpatía, afecto, cooperación y compasión. Un individuo que puntúe alto en empatía será compasivo, afable, confiado, atento, no rencoroso, crédulo o franco. En cambio, una puntuación baja nos habla de una persona cínica, ruda, suspicaz, competitiva, vengativa, despiadada, irritable o manipuladora.
Apertura a la experiencia	Gusto por aprender y experimentar cosas nuevas. Mide la imaginación, el interés, la creatividad y la perspicacia. Una puntuación elevada en este rasgo corresponde a personas curiosas, con amplios intereses, creativas, originales, imaginativas o no tradicionales. En contraposición, si la puntuación es baja, estaremos ante alguien convencional, pragmático, realista o con pocos intereses.

Responsabilidad	Evalúa el grado de organización, persistencia y motivación para la conducta dirigida a metas. Grado de capacidad resolutiva, organización, personas de confianza, fiabilidad y meticulosas, y atención a los detalles. Si se puntúa alto en responsabilidad, estaremos ante individuos organizados, formales, trabajadores, puntuales, ordenados, ambiciosos o perseverantes. Y aquellos que tengan puntuaciones bajas se caracterizarán por ser personas sin objetivos, informales, perezosas, descuidadas, indisciplinadas y con poca voluntad.

Desde el inicio de la creación del Modelo de los cinco grandes, se han realizado investigaciones utilizando su propio cuestionario o test de personalidad, pero no fue hasta los años noventa cuando se introdujo como herramienta de evaluación para nuevos candidatos en los departamentos de Recursos Humanos de las organizaciones y empresas. (Nota al lector: si está interesado en realizar este test de forma gratuita puede completarlo en la página web <https://www.123test.com/es/test-de-personalidad/>).

En el campo de la psicología los profesionales de salud mental a veces utilizamos como herramienta de trabajo cuestionarios, escalas y autoinformes para identificar determinados patrones o características de la personalidad con el objetivo de ayudar a los otros a mejorar y desarrollar sus habilidades, para identificar sus fortalezas y debilidades, o para ayudar a jóvenes estudiantes a explorar posibles carreras universitarias afines a su personalidad y competencias. Por ejemplo, uno de los instrumentos más utilizados es el Inventario clínico multiaxial de Millon. Es un instrumento autoinformado (rellenado por uno mismo) que puede proporcionar información muy útil al tener una perspectiva integradora de la personalidad, es decir, incluye distintos aspectos de nuestra forma de ser. Otra prueba accesible en internet gratuitamente es el conocido MBTI o el <www.16personalities.com/es/test-de-per sonalidad> (en español), desarrollado por la Fundación Myers y Briggs, utilizado a nivel mundial <http://www.perso nality-types.org/> y ofrecido en once idiomas.

En conclusión, la compatibilidad depende en gran parte de la personalidad de cada uno. A los que son abiertos y extravertidos les será más fácil relacionarse con los demás, mientras que las personas más cerradas e introvertidas suelen necesitar más tiempo. Sin embargo, con independencia del grado de extraversión, la clave para disfrutar de relaciones positivas radica en tener un trato agradable, respetuoso y simpático. Aunque seamos un poco introvertidos y tímidos, si somos simpáticos, agradables y educados, contribuiremos positivamente a cualquier tipo de convivencia.

La simpatía y la antipatía: ser o no ser agradable en el trato

La simpatía favorece el acercamiento entre las personas. ¿A quién no le gusta que lo consideren ameno y agradable? Nos sentimos bien cuando alguien nos expresa su simpatía. «¡Qué simpático eres!» son palabras que a la mayoría nos hacen sonreír. Cuando alguien nos resulta simpático, nos sentimos a gusto a su lado. No obstante, existe una diferencia entre sentir simpatía por alguien y ser una persona simpática. Por un lado, tener simpatía por alguien significa que nos cae bien a partir de una primera impresión, un trato momentáneo y sin necesidad de conocerla en profundidad. Sentimos cierta estima y aprobación hacia esa persona; lo que no quiere decir que sea objetivamente simpática, sino que nos cae bien. Por ejemplo, en el contexto de la convivencia con nuestros vecinos, los no elegidos con quienes muchos compartimos un espacio arquitectónico, podemos decir: «A mi vecina del quinto piso la conozco poco, pero me despierta simpatía; me transmite buenas energías y me causa buena impresión». En cambio, cuando definimos a una persona como simpática, estamos evaluando y describiendo su forma de ser, su personalidad y su manera de interactuar. Las personas simpáticas suelen despertar simpatía en los demás y se caracterizan por tener una personalidad abierta, cercana, sonriente y agradable.

A su vez, también es importante no confundir simpatía con empatía. Mientras que la empatía es la capacidad para ponernos emocionalmente en lugar de otra persona a partir de un conocimiento más profundo sobre sus sentimientos y situación vital, la simpatía es una forma de tratar a los demás y de interactuar con ellos. La simpatía favorece la construcción de relaciones, pero tiene un papel diferente a la empatía. Aunque para conectar emocionalmente con los demás necesitamos mostrar un mínimo de empatía, cabe destacar que el paso de la simpatía a la empatía es más fácil que el paso de la antipatía a la empatía.

La antítesis de la simpatía es la antipatía. Las personas antipáticas suelen producir sentimientos de rechazo; no caen bien y pueden resultar desagradables y poco afables en el trato. A menudo la forma de ser de una persona considerada antipática se asocia a tener una personalidad poco amigable, arisca, distante, prepotente, soberbia o maleducada. Cuando alguien nos despierta sentimientos de antipatía nos resulta más difícil empatizar con ella; el propio sentimiento de rechazo obstaculiza la conexión emocional, lo que supone hacer un sobreesfuerzo y ofrecerle el beneficio de la duda. Cuando le damos el beneficio de la duda a una persona se justifica el comportamiento o la actitud de una persona con independencia de que nos resulte simpática o antipática. Por ejemplo, si percibimos una actitud negativa en una persona, podemos concluir que es una persona desagradable o que quizá está atravesando un momento difícil y no tiene su mejor día. Quizá una persona tímida o con dificultad para relacionarse con desconocidos se muestra antipática porque le incomodan las situaciones sociales y no sabe cómo gestionarlas. Cuidar las primeras impresiones y nuestras habilidades sociales es importante, pero, como seres imperfectos, no siempre logramos mostrar lo mejor de nosotros mismos. Por tanto, dar el beneficio de la duda podría considerarse un acto generoso y amable.

¿Cuándo y por qué sentimos antipatía? Podemos desarrollar un sentimiento de antipatía a partir de ofensas, agravios o discusiones, o cuando se perciben señales de agresión de forma inconsciente, lo que se denomina «antipatía de piel». Hay personas que tienen una naturaleza o una actitud impertinente, presuntuosa y arrogante que despiertan antipatía en los demás. Pero también podemos sentir antipatía hacia alguien que manifiesta una «simpatía falsa». A veces las muestras de simpatía son tan exageradas que uno percibe la falsedad y la falta de autenticidad. Por ejemplo, aunque en la gran mayoría de los trabajos existe la expectativa de que la profesionalidad va unida a la afabilidad en el trato, hay gente que tiene una actitud exageradamente amigable y atosigadora. Se esfuerzan tanto por ser simpáticos que transmiten falsedad. Sin embargo, a veces la timidez puede jugar una mala pasada. No son pocas las personas tímidas que me comentan que a veces dan una primera impresión de ser distantes y antipáticas, cuando en realidad necesitan tiempo para adaptarse a una nueva situación. «Sufro mucho cuando tengo que asistir a un evento por trabajo y tengo que socializar con gente a la que no conozco —me comentaba un hombre en la consulta—. A veces entro en estado de pánico y ansiedad, y mi conversación se limita a monosílabos. Puedo parecer antipático cuando en realidad soy tímido. Necesito tiempo para hacerme al entorno y al bullicio de tantos desconocidos. Al cabo de media hora me siento mejor, pero no suele ser fácil para mí. Supone un esfuerzo muy grande y me produce mucho estrés». Este tipo de personas necesitan un tiempo determinado para adaptarse al cambio y al entorno. Tienen un ritmo que no pueden acelerar. Por esta razón es importante abrir las puertas al beneficio de la duda y a la empatía, porque todos podemos necesitarlo en algún momento.

Muchas personas se han sentido alguna vez invadidas por una ola de timidez con independencia de su forma de ser. Aparte de la intensidad o la razón, es un sentimiento natural y humano. Sin embargo, para algunas es un gran reto, ya que conviven con ello cada día. Por ejemplo, la conocida y premiada escritora Carmen Posadas escribió un artículo titulado «La timidez, esa tonta enfermedad crónica» y muy amablemente me ha permitido compartirlo (<http://www.carmenposadas.net/la-timidez-esa-tonta-enfermedad-cronica/>). En su escrito cuenta al lector, de forma muy cercana, humilde y sencilla, cómo ha convivido con la timidez a lo largo de su vida. En sus palabras:

> Nosotros los tímidos, los que vamos por la vida con la incómoda carga de este estúpido defecto. Los que, como yo, al entrar en un recinto lleno de gente, tenemos que respirar hondo, colgarnos una sonrisa trémula y recitar mentalmente algo así como «Vamos, Carmencita, no te cortes, adelante, tú puedes», sufrimos una doble maldición. Por un lado, lo pasamos muy mal ante el simple hecho de tener que saludar o dirigirnos a alguien, y por otro, al no ser muy hábiles en tal empresa, nuestra timidez acaba confundiéndose con frialdad, antipatía e incluso con soberbia... Cada cual tiene su momento de rubor incontenible y la timidez, mucho me temo, es una enfermedad crónica: no se cura, ni siquiera se mejora, pero uno sí puede buscar situaciones que no le resulten embarazosas y que le permitan exponer su mejor «yo»...

A la hora de valorar si una persona nos resulta simpática o antipática, llevamos a cabo dos mecanismos de pensamiento: la inducción y la deducción. La inducción nos lleva a construir una conclusión general a partir de experiencias personales (la experiencia que tuve con esta persona fue negativa/positiva), mientras que la deducción implica llegar a una conclusión general a partir de una idea generalizada, la reputación o una sospecha (opino que esta persona es simpática/antipática porque tiene reputación de ser agradable/desagradable).

La reputación tiene un papel importante en nuestras relaciones sociales y es un punto de referencia a la hora de construir una opinión sobre una persona. La opinión social tiene un papel importante a la hora de relacionarnos con los demás. Y aunque lo ideal sería construir una opinión libre de ideas preconcebidas, nuestra naturaleza es recopilar información acerca de cualquier novedad para que nos ayude a actuar a partir de un sentimiento de seguridad. Al fin y al cabo, utilizamos la información de referencia para saber qué comportamiento debemos tener respecto a lo desconocido. ¿Es alguien de quien nos podemos fiar o no? ¿Es de confianza o debo estar vigilante?

Cuando estamos frente a una persona desconocida y nueva para nosotros, en cuestión de segundos hacemos una valoración inconsciente a partir de la imagen, los rasgos faciales y físicos, de la gesticulación, la forma en la que habla, se mueve, está vestida, el tono de voz... Creamos un esquema mental y una opinión personal respecto a lo que esa persona nos hace sentir, para concluir si nos resulta simpática o antipática. Después, a medida que vayamos conociéndola, iremos desarrollando una visión más real de ella, de forma que el proceso inicial de deducción se irá disipando. Esto nos demuestra que a veces la valoración inicial que hacemos de alguien, o que los demás hacen de nosotros, puede estar equivocada. A veces la primera impresión que nos llevamos puede ser negativa, pero con el tiempo descubrimos que nuestras primeras impresiones son erróneas. Ya lo dice el refrán: «No juzgues un libro por su cubierta». Es posible que con el trato descubramos intereses en común y cambiemos nuestra percepción. La clave se encuentra no sólo en la frecuencia del trato, sino también en las experiencias vividas conjuntamente, la complicidad existente y los sentimientos que se despiertan durante el trato de la convivencia. Es decir, a partir de nuestras emociones se construyen las relaciones.

3

Claves para una buena convivencia: las 10 C

> La característica que de verdad nos distingue del
> resto de los compañeros del reino animal es nues-
> tra extraordinaria capacidad para comunicarnos
> entre nosotros, relacionarnos y convivir en la inti-
> midad.
>
> LUIS ROJAS-MARCOS,
> *Convivir*

Convivir saludablemente requiere ser generoso, solidario, saber ceder, compartir, dar y recibir, y a la vez saber poner límites. Existen tantos factores que hay que tener en cuenta a la hora de construir una buena relación de convivencia que para facilitar la lectura me centraré en diez claves principales que la mayoría compartimos y que marcan la diferencia entre tener o no una convivencia positiva: 1) confianza; 2) compromiso; 3) comunicación; 4) cordialidad; 5) consideración; 6) contribución; 7) colaboración; 8) coherencia; 9) consistencia; 10) cuidados.

CONFIANZA: EL PODER DE TENER FE EN UNO MISMO Y EN LOS DEMÁS

La confianza es el cimiento más importante sobre el cual construimos todos los pilares de nuestras relaciones. Tener o no confianza es el punto de partida de TODOS los vínculos afectivos y las relaciones de convivencia, tanto con nosotros mismos como con los demás. Cuando confiamos sentimos tranquilidad, bajamos la guardia, nos expresamos y rendimos mejor física y mentalmente. Nuestra mirada es directa y segura, nuestro cuerpo está erguido, relajado y se mueve con naturalidad; responde positivamente al entorno. Confiar nos sienta bien y nos calma. Queremos y necesitamos confiar.

El término «confianza» tiene su raíz del griego *pistis*, que significa «creencia o compromiso hacia algo». De acuerdo con el diccionario, se define como «una esperanza firme y segura; confiar es esperar con firmeza y seguridad». Cuando confiamos anticipamos una conducta o una respuesta determinada de algo o alguien en el futuro. Sentimos que podemos predecir el resultado de una acción. Por ejemplo, los estudiantes que se preparan para una prueba tienen más confianza en pasarla que aquellos que lo dejan en manos de la suerte. La confianza reduce la incertidumbre, pasamos del no saber a saber un poco más. Cuando confiamos en alguien plenamente solemos decir: «Sé que puedo contar con ella, que puedo decirle cualquier cosa y que no lo contará a nadie. Confío en que me cuidará y me respetará». Sentir confianza nos serena y sosiega.

¿Nacemos o nos hacemos confiados?
Tipos y grados de confianza

Nacemos con una predisposición genética e innata a confiar, la denominada «confianza simple». Estamos hechos para confiar. Luego, cada uno confiamos conscientemente a partir del trato recibido y las experiencias vividas, lo que se denomina «confianza consciente». Es decir, si alguien nos ha apoyado en el pasado, tendemos a confiar en que también nos ayudará en el futuro; por tanto, elegimos confiar en esa persona.

Existen dos tipos de confianza:

- la *confianza externa* es cuando confiamos en alguien o algo que está fuera de nosotros (familia, compañeros, nuestra casa, el coche, instituciones...);
- la *confianza interna* es la confianza en uno mismo, la autoconfianza. Cuando confiamos en nosotros mismos, nos conocemos, comprendemos nuestra forma de ser y reconocemos nuestras capacidades y limitaciones. Las personas con autoconfianza suelen tener una autoestima saludable, se atreven a salir de su zona de confort para conseguir sus metas. Suelen tener una percepción optimista y esperanzada del futuro y confiar en sus capacidades, mientras que las desconfiadas conviven con intensos sentimientos de inseguridad, ansiedad y miedo. Algunos conceptos asociados a la confianza incluyen: poder depender de alguien, ponerse en manos de alguien, fiarse de alguien, contar con alguien, apoyarse en alguien. Tener la certeza de que uno puede confiar produce serenidad y tranquilidad interior.

Animo al lector a que identifique con claridad sus personas de confianza y las razones que lo han llevado a confiar.
Tener claro con quién se puede contar y con quién no, con
independencia del afecto y la cercanía, es esencial, ya que no
todo familiar o amigo es de total confianza.

Grados de confianza

Cultivar la confianza lleva tiempo y trato. «El roce hace el
cariño», dice el refrán. Aprender a gestionar la confianza que
depositamos en los demás y la que ellos depositan en nosotros es fundamental para crear y mantener relaciones positivas. Cómo administramos la confianza que otros depositan
en nosotros es una gran responsabilidad. Pero también es
importante evitar ser víctima de los excesos de confianza ajenos. Por ejemplo, hay personas que se toman al pie de la letra
frases como: «Ésta es tu casa», «Todo lo mío es tuyo», «Haz
lo que quieras...».

En una ocasión, hablando con un grupo de amigos sobre
el exceso de confianza en las relaciones familiares, uno comentó la última visita de sus padres y hermanos en su nueva
casa: «Mi pareja y yo invitamos a mis padres y dos hermanos
a pasar unos días en casa para que la conocieran. Nada más
llegar, por educación y con la intención de ser buenos anfi-
triones dijimos: "Estáis en vuestra casa, sentíos libres de hacer lo que queráis". Nada más decir esto, mis padres critica-
ron la decoración y decidieron, sin preguntarnos, cambiar los
muebles de la sala de estar, mientras que mis hermanos arram-
blaron con todo lo que había en la nevera, dejándola prácti-

camente vacía y desordenada. Sentí como si hubiera entrado el caballo de Troya en mi casa. Mi pareja y yo, sorprendidos y desconcertados, nos quedamos atónitos. No podíamos creer que se hubieran tomado nuestras palabras de forma tan literal. En ese momento pasó por mí un tsunami de sentimientos negativos, pero sobre todo sentí vergüenza y una profunda decepción por tanta falta de respeto. Intenté hablar con ellos, pero no quisieron escuchar ni hicieron el esfuerzo por entenderme. Fue en ese instante cuando decidí que nunca más los invitaría a pasar unos días con nosotros. Aprendí que uno debe tener cuidado a la hora de abrir las puertas de la confianza, pues hay personas a las que les ofreces una mano y te cogen el brazo. Se sienten con el derecho a hacer y decir lo que desean sin consideración».

El grado de confianza que otorgamos a los demás depende en gran medida de nuestra disposición para abrirnos, de manera que a la hora de revelar nuestros sentimientos y pensamientos más íntimos debemos reflexionar y ser prudentes. Dar y recibir confianza son actos muy preciados, regalos muy exclusivos; no es algo para tomárselo a la ligera. Por tanto, debemos ser cuidadosos con la información que compartimos y con la que los demás comparten con nosotros. Al final, el grado de confianza es algo como las capas de una cebolla. En el centro se encuentran nuestros temores y deseos más íntimos; información sobre nosotros que sólo compartimos con una o dos personas. A medida que nos movemos hacia la superficie de la cebolla, vamos encontrando información menos íntima y que es más fácil compartir con gente de menos confianza.

Los estudios sobre la confianza indican que es más fácil

confiar en alguien o algo que nos resulta familiar que en personas o cosas extrañas y desconocidas; por tanto, la familiaridad tiene un papel importante en el grado de confianza. La familiaridad nos produce la sensación de tener conocimiento sobre algo o alguien, pero debemos ser prudentes y no dejarnos llevar por este sentimiento, ya que no todo lo familiar es confiable. Por ejemplo, podemos tratar ocasionalmente a un vecino, un compañero de trabajo o a un miembro de nuestra familia, pero esto no quiere decir que sean de confianza. Que conozcamos a una persona y nos sea familiar no quiere decir que debamos confiar *ipso facto* en ella. Y aunque tampoco significa cerrarse y ser desconfiado, la clave es tener en cuenta que conocerla sólo supone que conocemos de su existencia y que identificamos determinadas características. Para confiar hace falta mucho más; un saludo ocasional puede ser el comienzo de una relación de confianza, pero no significa que seáis amigos.

Ser dignos de confianza es imprescindible para poder convivir. Si no somos confiables, difícilmente podremos formar parte de un grupo, conseguir un trabajo y mantenerlo y construir relaciones sanas. Algunas claves para ganarse la confianza incluyen:

- **Empezar por creer y confiar en uno mismo**, ya que la opinión que tengamos de nosotros mismos influirá en la forma en que nos relacionemos con los demás y en la opinión que los demás tengan de nosotros. Quienes confían en sí mismos, sin ser egocéntricos, transmiten confianza.
- **Cumplir con los compromisos.** Si uno dice que va a

hacer algo, es importante ser coherente y cumplir. Ser fiable es uno de los pilares esenciales para ganarse la confianza de los demás.

- **Ser leal y tener integridad.** Proteger la información que otros han compartido con uno en confianza; respetar la confidencialidad.
- **Ser auténticos y comportarse con naturalidad.** Evitar compararse con otros e imitarlos. Identificar y aceptar constructivamente nuestras virtudes y limitaciones nos ayudará a ser auténticos.
- **Tener una actitud asertiva favorece la comunicación clara, directa y sincera.** Las personas asertivas no tienen miedo a expresar sus sentimientos, pensamientos y deseos, por lo que transmiten sinceridad y confianza.
- **Ser humilde en los logros y errores cometidos.** Reconocer los éxitos y los errores es un valor que transmite transparencia y franqueza.
- **Ser agradecidos y reconocer los actos y gestos generosos de los demás.**

En conclusión, ser una persona de confianza es una de las cualidades más valoradas. Se ha comprobado que aquellas que son comprometidas, cumplidoras y confiables tienen más posibilidad de conseguir sus objetivos y de construir relaciones saludables.

> Es la actitud, no la aptitud, la que determina la altitud de las personas.

La moneda de la confianza también tiene otra cara, la desconfianza o la ausencia de confianza. A veces la confianza no nace y otras se pierde de forma lenta o repentina. La desconfianza puede surgir al intuir que nos ocultan información o porque hemos descubierto que nos han engañado. A menudo se activa cuando advertimos contradicciones o falsedades en el discurso, o cuando percibimos falta de coherencia entre lo que se dice y el lenguaje del cuerpo.

Mantener el equilibrio entre la confianza y la desconfianza es un desafío. Hay personas que tienden a ser desconfiadas y sólo comparten aspectos superficiales de sí mismas (la capa exterior de la cebolla), mientras que otras tienden a ser confiadísimas y comparten con facilidad los aspectos íntimos de su vida, se desnudan emocionalmente casi al instante. Pero también hay personas que nunca han conocido la confianza; han crecido en un entorno inseguro, con cuidadores ausentes o negligentes, y no han tenido la oportunidad de construir relaciones seguras ni de desarrollar su confianza externa ni la interna; es decir, autoconfianza. Aquellos que han sido víctimas de engaños, humillaciones o malos tratos a menudo sienten un alto grado de desconfianza y se mantienen distantes; construyen una coraza para protegerse de posibles amenazas y sufrimiento. Pero esta coraza invisible, en apariencia protectora, a menudo los aísla y obstaculiza la posibilidad de construir relaciones cercanas y de confianza. Como resultado, no pocas veces viven en un estado de tristeza y soledad permanente. A veces me comentan: «Quiero confiar, pero no puedo. Siento que estoy solo, pienso que no se puede confiar en nadie, pero también necesito a alguien en quien confiar» o «Me siento sola, quiero hacer amigos y confiar, pero la vida me ha enseñado que al final todo el mundo te acaba traicionando» o «Sólo se puede confiar en uno mismo». Al final, podemos concluir que los extremos no funcionan; he podido comprobar que tanto cerrarse en banda y no compartir nada íntimo con nadie como confiar indiscriminadamente son conductas extremas que pueden desestabilizar y provocar problemas de ansiedad y aislamiento social.

En mi experiencia, la confianza moderada y responsable se puede aprender. No todos los problemas asociados a la desconfianza son insolubles. Hay personas que tienen relaciones sanas y estables a pesar de haber sufrido experiencias traumáticas y traiciones por parte de seres cercanos de su confianza. No obstante, aunque el desgarro emocional tan demoledor puede llevar a pensar que la herida nunca se curará, lo cierto es que está comprobado que en la mayoría de los casos, con ayuda, tiempo y paciencia, las heridas cicatrizan y se convierten en las costuras de nuestra memoria.

«¿Cuánto tiempo voy a tener que convivir con este dolor?», me preguntan con frecuencia mis pacientes. El tiempo de recuperación de una herida emocional puede variar. Cada uno tiene su propio ritmo de sanación, pero en la mayoría de los casos las personas se recuperan y reconstruyen su capacidad para confiar. Si bien la experiencia dolorosa puede permanecer en la memoria emocional en forma de cicatriz, con el tiempo ésta formará parte de uno de los capítulos del libro de la historia de la vida de cada cual; un libro único y personal, lleno de aventuras y desafíos, con personajes amorosos, misteriosos, villanos y héroes valientes. Al final lograremos pasar página y aprender de la experiencia. En palabras de la poetisa Piedad Bonnett:

No hay cicatriz, por brutal que parezca,
que no encierre belleza.
Una historia puntual se encuentra en ella,
algún dolor. Pero también su fin.
Las cicatrices, pues, son las costuras
de la memoria,
un remate imperfecto que nos sana
dañándonos. La forma
que el tiempo encuentra
de que nunca olvidemos las heridas.

En conclusión, la confianza es el eje principal de nuestras relaciones. Necesitamos confiar; por tanto, también debemos ser confiables. Sin confianza nos será difícil comprometernos, colaborar o construir un vínculo con otras persona o proyecto de vida. Es decir, necesitamos sentir confianza en nuestros médicos para poner en sus manos nuestro cuerpo, confiar en el conductor del vehículo de transporte público para que nos transporte con seguridad a nuestro destino, en los arquitectos y constructores que han construido nuestro hogar para que podamos vivir en él sin temer que se derrumbe. Necesitamos confiar en el sistema que rige y otorga los permisos y licencias para ejercer como profesionales de la salud, de construcción o de conducción. Necesitamos confiar en que el sistema ha examinado y validado que tienen los conocimientos adecuados para ejercer su profesión. Sin confianza no hay seguridad; por tanto, la confianza podría considerarse el contrafuerte a partir del cual parten las siguientes nueve claves de convivencia.

Compromiso: cuenta conmigo

La capacidad de compromiso es uno de los pilares principales para una buena convivencia. Comprometerse con algo o con alguien es como hacer una promesa o firmar un contrato; declaramos que vamos a cumplir. Como resultado, creamos una expectativa. Es decir, se espera que cumplamos nuestra palabra. Quienes cumplen con sus compromisos tienen un alto sentido del deber y de la responsabilidad. Consideran una prioridad ser diligentes y desempeñar sus obligaciones; inspiran confianza en los demás.

A nivel social todos tenemos compromisos que debemos cumplir, como pagar impuestos y respetar las leyes. Sin embargo, en las relaciones personales existen distintos grados de compromiso dependiendo del tipo de relación. Por ejemplo, los padres tienen un vínculo de afecto y de intimidad muy estrecho con sus hijos y su compromiso incluye cuidar, proteger y educarlos, mientras que en una relación profesional el vínculo es exclusivamente profesional, lo que implica cumplir con tareas y responsabilidades, mientras que el afecto o la intimidad no son prioridad. Es decir, uno puede colaborar y trabajar con los compañeros sin amarlos.

La capacidad de compromiso se aprende en la niñez realizando pequeñas tareas como recoger los juguetes o completar los deberes para el colegio. Los padres y los cuidadores son los responsables principales de enseñar a través del ejemplo. Son ellos los que instruyen cómo se hace y para qué, los que educan a los más pequeños a desarrollar su sentido del deber. Una tarea compleja, ya que implica aprender a gestionar el tiempo y a desarrollar un plan de acción con el fin de poder cumplir con el compromiso. Por ejemplo, durante los meses de confinamiento más estricto en la pandemia de la COVID-19, muchas personas aprovecharon para organizar, ordenar y hacer limpieza en su casa. Algunos padres incluyeron en este proceso a sus hijos con el fin de enseñarles a ordenar su habitación. Aplicaron el compromiso de terminar la tarea una vez empezada y les enseñaron las pautas y el procedimiento; es decir, no sólo explicar qué hay que hacer, sino cómo se hace lo que se pretende hacer. En una ocasión una madre me comentó que ella optó por enseñarles a través del juego. Cada día proponía un desafío y una tarea, y premiaba a sus hijos cuando la terminaban. Les decía: «Primero tenemos que evaluar el desorden existente, para después crear un plan y unas pautas respecto a qué debemos hacer. Así podremos calcular el tiempo que vamos a tardar y la energía que debemos invertir. Evidentemente, cuanto más desorden exista, más movimientos tendremos que realizar y más energía y tiempo nos llevará cumplir con nuestro objetivo. Pero, al final, el beneficio es mayor que el esfuerzo empleado. En este caso, al tener el armario ordenado, sabemos con claridad qué hay dentro, qué queremos regalar y qué conservar, pero además existe la posibilidad de que sintamos una gran satisfacción cuando recuperemos una prenda que se encontraba escondida en el desorden».

Cumplir con un compromiso supone terminar lo que se empieza, hacer lo que uno ha dicho que hará. Pero hay personas que se comprometen y luego no cumplen. Tal vez tengan alguna justificación razonable y lógica que les haya impedido llevar a cabo su compromiso, pero, si esta justificación se convierte en una excusa frecuente, perderemos la confianza en ellas y las evitaremos. Las personas que viven excusándose pierden la confianza de los demás, por muy buenas intenciones que tengan. Aceptan un compromiso para después romperlo y se justifican diciendo: «Quiero, pero no puedo por culpa de...», «No soy yo, sino el otro». A veces desplazan su responsabilidad a los demás. Otras veces aceptan comprometerse sin pensar ni valorar de manera objetiva si es factible. Quizá tengan dificultad para organizarse o gestionar su tiempo, se precipitan en decir «sí» cuando en realidad deberían decir «no».

A menudo observo que el problema surge cuando la persona en cuestión no ha aprendido a desarrollar la capacidad para decir «No puedo», «No me viene bien» o «No me apetece». Quiere quedar bien con los demás, tiene miedo al qué dirán si se niega. «¿Y si le digo que no y se enfada? ¿Qué puedo hacer? No me siento capaz de decir que no puedo comprometerme», me comentan con frecuencia. Como resultado, a menudo aparecen los conflictos y las decepciones, ya que al no cumplir con su compromiso pierden la confianza de los demás. La combinación entre su falta de asertividad y su deseo por agradar termina por desilusionar.

Antes de prometer, proponer y garantizar algo, es recomendable que uno se asegure lo mejor posible de que puede cumplir con su palabra. Ser sincero y asertivo son cualidades esenciales en cualquier compromiso. No olvidemos que la mejor intención no siempre es la mejor decisión, y tener buenas intenciones no siempre justifica las promesa rotas.

COMUNICACIÓN: EL LENGUAJE QUE CONSTRUYE
Y DESTRUYE RELACIONES

La capacidad para comunicar —hablar y escuchar— influye de forma decisiva en la convivencia. Nuestro lenguaje, verbal y no verbal, como la mirada o los gestos, nunca pasa desapercibido, tiene un papel esencial en la comunicación. Cada uno tenemos un estilo, pero somos responsables de lo que decimos y de cómo lo decidimos. Por lo tanto, si vamos a dar una opinión, hacer una crítica o pedir un favor, necesitamos tener en cuenta cómo, cuándo, por qué y en qué momento debemos transmitir nuestro mensaje, ya que no cualquier momento vale.

En una ocasión, hablando con un directivo sobre una experiencia con un empleado de su equipo y su conducta inoportuna, me comentó: «Estábamos reunidos todo el departamento celebrando la marcha de un compañero que se trasladaba al extranjero cuando, sin venir a cuento, un miembro del equipo comenzó a hacer declaraciones públicas desagradables y ofensivas sobre la persona que se marchaba, creando un ambiente muy tenso. En ese momento como director opté por interrumpirlo y apartarlo del resto del grupo y lo invité a que se marchara, de forma educada pero firme. Eligió el momento menos adecuado para expresar su queja y frustración, y este comportamiento tuvo serias consecuencias». Medir las palabras y encontrar el momento de compartirlas no siempre es una tarea fácil, pero sí necesaria; de lo contrario es muy probable que el resultado sea muy negativo, como en el caso expuesto.

Los problemas de comunicación son los más habituales

durante cualquier relación de convivencia. A veces surgen riñas por desacuerdos u ofensas, pero otras veces los conflictos aparecen por falta de claridad y confusión en el mensaje. Hay personas que no hablan con claridad porque no saben cómo expresarse o porque sienten vergüenza o miedo. No dicen lo que de verdad quieren decir. Su mensaje es entrecortado y a medias, y como resultado se malinterpreta con facilidad.

Existen diferentes motivos por los que puede producirse un malentendido. Sin embargo, la mayoría surgen por los siguientes: 1) se ha interpretado erróneamente un mensaje; 2) no se ha explicado correctamente; 3) no se ha prestado atención por falta de capacidad de escucha, por distracción o falta de interés.

Aprender a comunicarse es una habilidad que lleva tiempo y práctica. Para la mayoría es un proceso de aprendizaje que dura toda la vida. Todos cometemos errores y tenemos malentendidos, pero podemos resolverlos aclarándolos o disculpándonos. De acuerdo con los expertos en comunicación, existen determinadas barreras y formas de comunicar que impiden el entendimiento y la fluidez entre dos o más personas.

Los destructores de la comunicación más habituales son:

- Insultos
- Descalificaciones
- Reproches
- Gritos
- Acusaciones
- Amenazas
- Chantaje emocional
- Burlas e imitaciones
- Gestos de desprecio
- Gestos agresivos
- Indiferencia
- Humillaciones
- Castigar con el silencio
- Evitar la mirada directa
- Dar portazos y puñetazos

Con frecuencia trabajo con personas que, además de caer en los destructores de la comunicación, utilizan el silencio como mensaje castigador. No emiten palabra ni sonido, pero su silencio está lleno de ira y es tan ruidoso como el rugido de un león. Otras se dejan llevar por el orgullo y la soberbia y pretenden que los demás intuyan o hagan el esfuerzo por descubrir lo que piensan, esperan o necesitan sin tener que pedirlo. Suelen comentar: «Si de verdad me quisiera y me conociera, sabría lo que siento, luego yo no debería tener que decir nada. Él/ella ya debería saberlo. Yo no pienso mover un dedo». Estas dinámicas, en las que se supone que los demás deben saber cubrir las necesidades o en las que se utiliza el silencio como moneda de cambio, son muy destructivas, sobre todo en las relaciones cercanas. Dar por hecho que los compañeros de convivencia deben saber interpretar los silencios se podría considerar en muchos casos un acto egoísta y poco práctico al volcar toda la responsabilidad de la relación en el otro. Esperar que los demás intuyan lo que se está pensando tiene un componente de ensimismamiento que con frecuencia alimenta el monstruo del resentimiento y el rencor, algunos de los destructores de relaciones más devastadores. Está demostrado que por mucho afecto que exista entre las personas, si los problemas de comunicación no se intentan solucionar y perduran en el tiempo, la relación se resquebrajará. Por esta razón es recomendable que cada uno se haga responsable de lo que comparte, de sus errores y aclaraciones, así como del esfuerzo por ser claro y directo sin manipular al interlocutor. Como decían mis maestros de lengua y literatura en la escuela: «Comunicar es un arte, una gran herramienta de conexión entre las personas, que puede usarse como arma o como vendaje. Por tanto, respeta el poder de la palabra y cuando comuniques esfuérzate por ser directo, claro y conciso en tu mensaje».

Cordialidad: el trato entre lo genuino y la hipocresía

El término «cordialidad» deriva del latín y de la suma de distintos componentes: *cor*, que significa «corazón»; *-al*, que significa «relativo a», y *-dad*, que se utiliza para indicar «cualidad». Una persona cordial se caracteriza por ser amable, educada y gentil en el trato. En general se muestra sensible hacia los demás y suele tener una actitud conciliadora. Tener una actitud cordial siempre favorece las relaciones personales y a menudo apacigua las tensiones durante los conflictos. La clave está en mantener las formas, utilizar buenas palabras y un tono de voz amable sin perder autenticidad, ya que cuando ésta se pierde, a menudo se percibe una falsa cordialidad e hipocresía en el trato.

Hay personas que en apariencia son cordiales, pero en realidad están fingiendo; su actitud es hipócrita. Su mensaje transmite lo opuesto de lo que piensan y sienten. Es decir, su actitud pasa por ser amigable y cordial, pero en realidad es falsa; su buen semblante es pura simulación. Identificar a un hipócrita no es tarea fácil, los hay muy habilidosos. Algunas características más frecuentes de los hipócritas incluyen: hablar mal y burlarse a espaldas de la persona a la que en apariencia aprecian; mostrar una actitud servicial y amable exagerada con el fin de enmascarar su verdadera intención; compartir una opinión en público aunque en privado se descubra que se piensa lo contrario.

Un ejemplo de hipocresía podría ser Gríma, personaje

de la obra de Tolkien *El señor de los anillos*. Gríma es uno de los protagonistas más siniestros de la historia, quien envenenó al rey Theoden con sus palabras perversas hasta casi destruirlo. Su método era halagar falsamente al rey dándole consejos que lo llevarían a cometer errores y tomar malas decisiones con la intención de debilitarlo para favorecer a otro perverso y más cruel mago, Saruman. En la vida real, es posible que alguna vez nos hayamos cruzado con una persona como Gríma, alguien que se hace pasar por un amigo, pero que en realidad es un manipulador y un destructor que tiene como objetivo desestabilizarnos y destruirnos. Identificar al hipócrita es esencial para mantenerlo en la distancia; de lo contrario, es posible que el susurro de sus palabras termine por envenenarnos el alma.

En conclusión, la cordialidad y la amabilidad son fieles acompañantes durante la convivencia y contribuyen a la espontaneidad y la fluidez de las relaciones, además de que favorecen la resolución de conflictos. Queremos cordialidad y amabilidad en nuestra vida, pero siempre con autenticidad. Como apunta el escritor Álex Rovira: «Amable es el que hace de la delicadeza, la cordialidad, la empatía y la atención su carta de presentación. El que considera al otro objeto de respeto y de cortesía, el que brinda opciones a la alegría del tercero sin motivo, sin espera de retorno, sólo por el hecho de alegrarse de su encuentro, aunque el otro sea un desconocido. Quien es amable ofrece la posibilidad del afecto como quien siembra en la esperanza de una cosecha futura. Amable, en definitiva, es quien brinda la posibilidad de la alegría y del reconocimiento. Amable es quien regala cortesía, respeto, simpatía y sensibilidad, valores esenciales en la construc-

ción del vínculo, de la confianza (valor esencial) y, en consecuencia, de la convivencia» (página web del autor, *Reflexiones
sobre la amabilidad*).

CONSIDERACIÓN: TENER EN CUENTA

Tener en consideración a alguien o algo es tenerlo en cuenta.
Es actuar en consecuencia y reconocerlo como algo que existe y que está presente. Ser considerado implica ser cortés y
solidario, dedicar tiempo y energía para comprender, valorar
y apreciar una idea o a una persona. Por ejemplo, cuando tenemos invitados para cenar, es importante tener en cuenta las
posibles intolerancias y alergias alimentarias de nuestros co-
mensales a la hora de decidir qué vamos a preparar.

En las relaciones de convivencia las personas considera-
das tienen en cuenta los sentimientos y necesidades de la
gente de su entorno, están pendientes de lo que sucede alrededor. Prestan atención. Se caracterizan por tener una actitud respetuosa, incluso cuando hay diferencia de opiniones.
Piensan antes de actuar. Tienen en cuenta las dolencias o necesidades ajenas y hacen el esfuerzo por intentar ayudar y
entender. Tratan de anticiparse a las necesidades de los demás, son empáticas, atentas, educadas y agradecidas; se caracterizan por ser poco ruidosas, por procurar no acaparar o
avasallar el espacio y tiempo de los demás. Por ejemplo, antes
de pedir un favor tienen en cuenta la situación del otro. Esco-
gen momentos oportunos para hablar de temas delicados y
evitan ser ofensivas o provocar tensiones. Eligen con cuidado
el momento adecuado para dar una mala noticia. Evitan aver-

gonzar y humillar, y si deben hacer una llamada de atención, será siempre en privado.

Por el contrario, las personas desconsideradas se caracterizan por ser bruscas en sus formas; les falta empatía y a veces educación. No saben escuchar y no consideran relevantes los sentimientos y pensamientos ajenos, ya que los suyos son siempre más importantes. La convivencia con ellos con frecuencia es difícil, ya que no suelen cuestionarse si sus actos influyen negativamente en los demás. Por ejemplo, algunas son tan desordenadas que a la hora de compartir espacio con sus compañeros de convivencia no se plantean si su desorden es molesto para otros, son inconsiderados. Tienden a irritar a sus compañeros de convivencia y cuando éstos muestran su frustración, se toman las llamadas de atención como quejas exageradas e insignificantes.

Recuerdo una ocasión en la que viajaba en tren de Madrid a Sevilla, cuando uno de los pasajeros (un compañero de convivencia no elegido) bastante inconsiderado se pasó más de media hora hablando por teléfono en un tono extremadamente alto e irritante, molestando a todos los pasajeros. Después de acabar con la paciencia de más de un pasajero, pude observar que uno de ellos le llamó la atención de forma educada, aunque mostrando su irritación. El inconsiderado se sorprendió e incluso se mostró ofendido por la interrupción. «¿No ve que estoy hablando por teléfono?», preguntó en un tono sulfurado. A lo que el otro pasajero respondió: «¿No ve que somos más de veinte personas en este tren y que todos estamos enterados de todos los detalles de la conversación con su amante, su mujer, sus problemas sexuales, así como de los nombres y apellidos de sus compañeros de trabajo y del

nombre de la empresa en la que trabaja? Es usted un ser grose-
ro, torpe e indiscreto, y se está ganando a pulso el despido y
el divorcio. Que sepa que a ninguno de los que estamos aquí
nos interesa tener información sobre su lamentable vida pri-
vada». Tras el aplauso generalizado de los que nos encontrá-
bamos entre el público, el inconsiderado quedó atónito y
boquiabierto, y permaneció en silencio durante el resto del
trayecto. Una lección de vida que sin duda lo marcó para
siempre.

Convivir con personas inconsideradas es difícil. Puede
incluso que saque lo peor de uno, empezando por la pérdida de paciencia. La falta de consideración en la convivencia
provoca frecuentes conflictos y no pocas veces es motivo de
rupturas afectivas, despidos profesionales y conductas agresivas. Ser considerado es un valor tan necesario que en algunas empresas internacionales utilizan una prueba denominada Escala de consideración y responsabilidad cuando
entrevistan a nuevos candidatos. Esta escala, que crearon
Burt, Gladstone y Griev, se emplea para medir el sentido de
responsabilidad, seguridad y consideración de los emplea-
dos, así como su actitud y cohesión respecto a sus compañeros. Por tanto, ser considerado no sólo es un valor fundamental en las relaciones personales, sino que cada vez se
tiene más en cuenta a la hora de emprender un proyecto laboral. Por ende, cuidemos nuestras formas, ya que tendrán
un impacto directo en la imagen que los demás construyen
de nosotros.

Contribución: aportar, por poco que sea

Vivimos en una sociedad de bienestar que tiene como objetivo promover sociedades cooperativas hacia un desarrollo sostenible. Cada vez somos más conscientes del valor que tiene la contribución social y medioambiental. Si no contribuimos a su mantenimiento y desarrollo, las políticas y normas deberán cambiar para adaptarse y sobrevivir. Por tanto, si cada uno ponemos un granito de arena, entre todos construiremos una playa.

Cuando vivía en Nueva York solía ir al Museo de Arte Metropolitano. Entonces el precio de la entrada para el público general era recomendado, es decir, recomendaban pagar ocho dólares (*suggested price*), no había un precio fijo y pagar no era obligatorio. En la parte inferior del panel de información había un texto que decía: «Si no puede pagar el precio recomendado, contribuya a proteger nuestro arte con lo que pueda a partir de 1 centavo» (*pay as you wish contribution*). Esta política de contribución libre era una tradición desde hacía cincuenta años. Pero tras los atentados a las Torres Gemelas del 11 de septiembre de 2001 y los años de crisis económica posterior, su presidente, Daniel Weiss, decidió cambiar la política de admisión y romper la tradición con el fin de encontrar un equilibrio que no perjudicara al museo. Explicó que después de intentar sobrevivir a la crisis durante años, las pérdidas habían sido demasiado cuantiosas y era imposible asumir los costes del mantenimiento del museo. Como resultado, a partir de marzo de 2018 la política de pago cambió y desde entonces todos sus visitantes, menos los residentes de la ciudad de Nueva York, están obligados a abonar el precio de la entrada (veinticinco dólares por persona).

Contribuir es aportar y ayudar al logro de un fin. Nuestras aportaciones pueden ser constructivas o destructivas, y nuestros motivos, muy diversos. Podemos contribuir de forma puntual haciendo una donación o formando parte de redes sociales para difundir campañas solidarias. Por ejemplo, el origen de muchas iniciativas sociales, como ayudar a personas enfermas y dependientes, o cuidar el medioambiente, busca consolidar redes de colaboradores que contribuyan a mejorar las condiciones de vida. En la convivencia podemos contribuir con pequeños o grandes gestos para crear, ayudar, destruir o cambiar, pero, sea cual sea nuestra aportación, ya sea por una idea, una persona o una comunidad, ésta siempre tendrá un impacto en las emociones y en el estado de bienestar propio y de los demás. Como dijo Molière: «No sólo somos responsables de lo que hacemos, sino también de lo que no hacemos».

A lo largo de los años he sido testigo, gracias a mi profesión, de maravillosos gestos de solidaridad, algunos tan conmovedores que con sólo recordarlos se me ponen los vellos de punta y me emocionan. Algunos más recientes han sido los que he vivido de cerca durante la pandemia en Madrid, en la que tanta gente anónima se unió, sin conocerse, con el único propósito de ayudar a los sanitarios, los hospitales y centros de salud; a las personas mayores en residencias; a los pacientes de la COVID y otras enfermedades; a los comedores sociales; a las fuerzas de seguridad; a las familias y personas que viven solas o están aisladas, así como a cualquiera que lo necesitara. En mi experiencia personal, formar parte de distintos grupos de apoyo, como COVID-19 Ayudándonos, creado por ciudadanos particulares y amigos con el objetivo común de unir esfuerzos y crear una red para conseguir comida, mascarillas, respiradores, oxígeno, camas y mantas para los hospitales, ropa, artículos de higiene o cualquier necesidad básica ha sido emocionante, único y conmovedor. A pesar de los retos, las dificultades, la incertidumbre y las pérdidas, muchos hemos podido comprobar, una vez más, la capacidad que tiene el ser humano de unirse, empatizar y organizarse ante la adversidad y una crisis global para un fin común: contribuir y ayudar.

Participar en un bien común hace que te sientas útil, que formas parte de algo más grande que tú mismo; está comprobado científicamente que ayudar es siempre una fuente de bienestar y satisfacción. Para algunos es incluso un propósito vital. Pero sea cual sea nuestra profesión y vocación, la clave de contribuir está en aportar lo que se pueda sin provocar grandes estragos y sin que se convierta en algo angustioso. La clave está en dar saludablemente. Los actos de solidaridad y generosidad ayudan a sobrellevar el sufrimiento, pero no tienen que ser una fuente de sufrimiento. Cuando alguien nos acompaña y nos sostiene, resistimos mejor los golpes de la vida, pero la idea no es que ellos se sientan golpeados. Por tanto, contribuir al bienestar de nuestro entorno más cercano o apoyar una iniciativa social con autocuidado es siempre una buena decisión. Al final todos salimos beneficiados.

Colaboración: unir esfuerzos para sumar

Para convivir saludablemente ayuda tener una actitud colaborativa; participar para sumar al resto. Colaborar es asociarse y unir esfuerzos con otra persona, grupo o entidad con el fin de trabajar en conjunto para conseguir un objetivo. Cuando colaboramos aportamos nuestras habilidades, recursos o conocimientos; construimos puentes y vínculos con otros.

Como seres sociables estamos programados genéticamente para colaborar. Nacemos con el instinto de construir lazos de unión para formar parte de un grupo y nuestro sentido de pertenencia nos motiva a buscar conexiones. Aprendemos nuestros primeros pasos colaborativos en la niñez, primero con nuestra familia y después en el entorno académico, lugares donde desarrollamos nuestras habilidades sociales y comunicativas. Algunas características básicas de aquellos que tienen una actitud colaborativa incluyen la generosidad y el deseo por compartir y asociarse para trabajar en equipo. Las personas colaborativas consideran beneficioso y gratificante crear lazos de unión e interaccionar con otros, sobre todo a la hora de afrontar los retos y las vicisitudes. De igual modo creen que cuando se colabora se consigue cubrir limitaciones personales, es decir, aquello de lo que uno carece por no saber o no poder hacer lo puede aportar otro miembro del grupo; se complementan.

Colaborar no sólo favorece las conexiones, sino que también tiene un papel esencial en nuestro proceso de aprendizaje. Es decir, a veces aprendemos mejor y más rápido al realizar una tarea colaborando con otros en vez de hacerlo de forma individual. Según la teoría del aprendizaje colaborativo desarrollada por el psicólogo Vygotsky, hay momentos en los que nos sentimos incapaces de aprender algo solos y necesitamos ayuda externa para lograrlo. ¿No te ha pasado alguna vez que para aprender algo has necesitado hablarlo con alguien? ¿O que al compartir y comentar la información con otra persona lo aprendes mejor? A veces para interiorizar algo necesitamos colaborar con alguien, aprender juntos. Por ejemplo, cuando era niña recuerdo aprender la tabla de multiplicar mejor y más rápido jugando con mis amigos que sola sentada en mi habitación. Juntos lo aprendíamos cantando o como un juego de adivinanzas en el que uno debía responder lo más rápido posible a la pregunta de una multiplicación como «¿Cuánto es 7 × 7?» o «¿Cuánto es 5 × 8?», y, si no te lo sabías, perdías el turno. Como resultado, el deseo de participar cantando o de no perder el turno jugando nos motivaba a todos a aprender las tablas de forma divertida y estimulante lo más rápido posible.

Colaborar tiene numerosos beneficios; aprendemos a compartir y a conectar, pero también a desarrollar habilidades organizativas, a distribuir tareas y responsabilidades entre un grupo de personas con el fin de conseguir un objetivo común. Colaborar favorece la ayuda mutua. Sin embargo, a pesar de que puede ser una forma de complementarse, también es cierto que durante el proceso pueden surgir conflictos; el arte de saber colaborar requiere, pues, desarrollar la inteligencia emocional, sobre todo la empatía. Aprender a tratar con personas que tienen puntos de vista diferentes, a escuchar activamente un mensaje que no sea de agrado y a controlar los impulsos puede ser un gran desafío. Al tener formas distintas de comunicarse o diferentes estilos de colaboración no es de extrañar que en ocasiones surjan discrepancias y malentendidos, sobre todo cuando un miembro del grupo siente una ausencia total de colaboración y empatía por parte de los demás miembros del grupo, y como resultado la responsabilidad de una tarea cae exclusiva e injustamente sobre su espalda.

En una ocasión, trabajando con una familia, la madre expresó con tristeza y frustración que había llegado al límite de su paciencia. Comentaba que sentía que su marido e hijos adolescentes tenían una actitud egoísta e inconsiderada hacia ella al no colaborar en las tareas del hogar. «Todo cae sobre mí y es injusto», comentaba agotada. Explicó que además de tener que trabajar largas horas, incluidos algunos fines de semana, ejercía de ama de casa mientras los demás veían la televisión, hacían sus cosas o descansaban. «Si no lo hago yo, no lo hace nadie, y ya no puedo más —decía—. En esta casa cada uno va a lo suyo y se espera que las cosas pasen solas. Se da por hecho que la comida estará hecha, la compra en la nevera, la casa y la ropa limpias, y además que se paguen las facturas. Ya he llegado a mi límite y, si nadie va a colaborar, me voy a poner en huelga a partir del lunes». El padre y los hijos se tomaron sus comentarios con humor y respondieron: «No es para tanto. Estás exagerando. Siempre te estás quejando y a ti te gusta ocuparte de la casa». Durante los días posteriores no hubo ningún cambio de actitud por parte de la familia, así que cuando llegó el lunes la madre mantuvo su palabra y se puso en huelga y dejó de trabajar en las labores del hogar. «Todos sois adultos y tenéis la capacidad de hacer y aprender, así que tendréis que poner de vuestra parte si queréis que esta casa funcione», comentó ella. A las veinticuatro horas de huelga comenzaron las primeras quejas y lamentaciones: «¿Dónde están mis pantalones favoritos?», «¿Quién se ha terminado la leche y no la ha repuesto?», «¿Quién no ha puesto el recambio del papel higiénico?». Pero fue a partir del tercer día cuando las protestas dejaron de tener un tono cómico para convertirse en reproches y acusaciones constantes cargadas de irritabilidad y frustración. Echaban en falta todo aquello a lo que estaban acostumbrados, desde sentarse cada día a una mesa puesta y tener la ropa lavada y planchada hasta contar con que en la nevera estaban sus productos favoritos. Pero, a pesar de la crispación generalizada, la madre se mantuvo firme: «Si quieres te enseño a utilizar la lavadora y a planchar. Pero yo no voy a hacerlo por ti. Estoy en huelga», decía. Al cabo de quince días la acumulación excesiva de tareas domésticas pendientes se convirtió en una situación insufrible y estresante, así que, ante la desesperación, uno de los tres hijos tomó la iniciativa de reunir a sus hermanos para organizar y distribuir diferentes tareas: «No podemos seguir así. Esta situación es insoportable. Tenemos que hacer algo, porque mamá no va a volver a ser la de antes, así que propongo colaborar entre nosotros y repartirnos las tareas para cambiar esta situación tan insostenible». Tras discusiones y desacuerdos sobre quién se responsabilizaba de qué, consiguieron organizarse. Con el tiempo y tras un mes de huelga por parte de la madre, cada uno fue incorporando nuevos hábitos hasta aprender a negociar y colaborar en grupo, y la convivencia familiar mejoró.

Coherencia: sentido y equilibrio entre lo que pienso, siento y hago

Para tener una buena convivencia debemos ser coherentes. La coherencia es la relación lógica y con sentido entre dos o más partes sin que se produzca contradicción u oposición entre ellas. Las personas coherentes son consecuentes con lo que piensan, sienten y hacen; son congruentes. Es decir, la relación entre sus pensamientos y sus sentimientos está equilibrada y alineada con su conducta; tiene un orden y sentido.

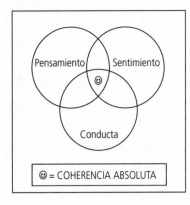

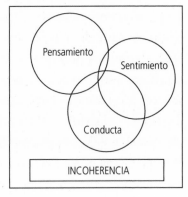

Ejemplo de ello se puede observar en las relaciones familiares. Muchos progenitores y expertos en educación infantil consideran que la responsabilidad de educar a los hijos es principalmente de los padres y que para ello deben dar ejemplo y ser coherentes y consistentes en sus enseñanzas. Si pretenden que sus hijos se alimenten de manera saludable, ellos también deben seguir una alimentación sana. Enseñar a los más pequeños a comportarse de acuerdo con sus valores y principios es un gran esfuerzo y una labor que dura años, y lograrlo depende en gran parte de ser, sobre todo, congruentes y consistentes. Así pues, si el objetivo es educar a tratar con respeto a los profesores, a las personas mayores y a los compañeros y aprender a gestionar el enfado y las conductas agresivas, es esencial evitar minimizarlas o ignorarlas cuando surgen. Sería incongruente consentir, quitar importancia o reforzar una conducta agresiva y decirle a un hijo: «No te preocupes por haberle gritado al profesor, no es para tanto ni tan grave; yo hubiera hecho lo mismo». Un mensaje así es demoledor y destructivo. Además de que confunde y perjudica el desarrollo de las habilidades sociales, puede enseñar que faltar el respeto es aceptable y no tiene consecuencias. Las conductas incoherentes transmiten mensajes contradictorios y discordantes, son fuente de conflictos y malentendidos, mientras que las coherentes suelen transmitir armonía y confianza, favorecen la comunicación y las relaciones personales positivas.

Como hemos visto, las conductas incoherentes pueden tener consecuencias negativas en cualquier relación de convivencia; sin embargo, como seres imperfectos también debemos ser realistas y aceptar con humildad que todos somos incoherentes en algún momento. La vida está llena de pequeñas disonancias e incongruencias, y es imposible actuar de manera coherente al cien por cien. Por ejemplo, muchas personas son coherentes al reciclar, evitar el consumo excesivo de energía, y tienen una actitud responsable y prudente con el cuidado del medioambiente; piensan que es fundamental colaborar y cuidar el ecosistema, y son casi siempre consecuentes en sus actos. Sin embargo, es posible que a veces sean

incongruentes al utilizar de vez en cuando productos conta-
minantes. Pero debemos ser realistas; en un mundo tan complejo y cambiante, la coherencia total y absoluta es improba-
ble. En mi experiencia, la clave es aprender a diferenciar
entre aquellos que tienen conductas incoherentes ocasionales
y los que actúan incoherentemente de forma habitual y de
manera recurrente.

¿Qué puede llevar a una persona a comportarse de forma
incoherente? Existen numerosos motivos que nos pueden
llevar a actuar de forma incongruente, pero como terapeuta
he podido observar que a menudo está relacionado con el
temor a decepcionar o con la inseguridad. A veces queremos
decir «no puedo o no quiero» pero decimos «sí», aunque esto
signifique ir en contra de nuestros deseos o incluso nuestros
principios y valores. Como resultado, nos sentimos atrapados
por un torbellino de sentimiento de culpa, frustración o resentimiento; ser inconsistente puede producir un profundo
malestar emocional. Como expone el psicólogo Charles
Kiesler, la coherencia es el vínculo que existe entre la persona y sus actos, es la alineación entre lo que se cree, se dice y
se hace; ser consistente con nuestros principios y valores es
esencial para el bienestar emocional del individuo.

La capacidad para ser coherentes a menudo está ligada a
la capacidad para ser asertivos; es decir, saber poner límites.
A veces la incoherencia se produce por miedo al rechazo, a la
soledad o a ser excluidos, y decir «no» es una respuesta im-
planteable. En cambio, a veces la coherencia es unidireccional,
es decir, algunas personas actúan de forma coherente con los
demás y sus compromisos externos, pero son incoherentes
con ellas mismas; por inseguridad priorizan a los demás y se

ponen a sí mismas en segundo lugar. A menudo el problema surge porque les da tanto miedo decepcionar que son capaces de ir en contra de sí mismas con tal de no enfrentarse a la situación, se autoboicotean. Este tipo de incoherencia unidireccional es bastante frecuente en aquellos que tienen baja autoestima y dependen en exceso de lo que piensen los demás; son esclavos del «qué dirán». Sin embargo, otras personas viven en un estado de conflicto interno constante entre dos pensamientos contrarios; es lo que se denomina «disonancia cognitiva». Los que viven en el «quiero pero no quiero» suelen hacer lo contrario de lo que sienten o lo que dicen que van a hacer. Acostumbran a decir una cosa y después actúan de forma opuesta. Prometen para después romper su promesa. Como resultado, provocan sentimientos de confusión, irritabilidad y desconfianza en los demás; decepcionan con frecuencia, y al final los de su entorno terminan por poner distancia y alejarse de ellas. Sin embargo, todas las dificultades expuestas tienen solución y se pueden mejorar siempre que uno lo desee y lleve a cabo un trabajo de crecimiento personal. Nunca es tarde para aprender a ser asertivo y coherente.

En conclusión, ser coherente a menudo está asociado a saber gestionar los límites entre lo que se piensa y se hace, y al compromiso. Para construir relaciones de confianza sólidas debemos ser congruentes e íntegros, ya que nuestro comportamiento es lo que más se observa y se percibe, y para la mayoría al final es nuestra conducta lo que principalmente nos define. Como afirma Emerson: «Lo que haces habla tan alto que no puedo oír lo que dices».

CONSISTENCIA: REPETIR PATRONES EN EL TIEMPO

La consistencia se define como la cualidad de lo que es coherente, estable y que dura en el tiempo, no desaparece fácilmente. Las personas consistentes se caracterizan por mantener una actitud, una acción o una conducta persistente en el tiempo. Las personas con una actitud consistente positiva suelen ser confiables, comprometidas, determinadas y predecibles; se pueden anticipar sus respuestas y reacciones; tienden a cumplir con sus propias expectativas y las de los demás al mantener la misma actitud y los mismos resultados ante una situación o actividad determinada.

Sin embargo, cabe señalar que la consistencia es aplicable a conductas y actitudes positivas y negativas; la repetición de un patrón de conducta puede ser constructiva o destructiva. Por tanto, también se puede identificar a personas consistentes en su falta de compromiso, desidia o en sus actitudes agresivas. Pueden tener una actitud consistentemente destructiva hacia otros o hacia sí mismas. Por ejemplo, hay personas que descuidan sus relaciones o que sabotean su propia salud y bienestar de forma consistente; conviven a diario en conflicto con otros y consigo mismas. «Hay una fuerza interior que me lleva a no cuidarme, abandonarme y ser negligente con mi salud —me comentaba una mujer—. A pesar de ser consciente de que debo cuidarme porque soy diabética, soy inconsistente y, después de cuidarme unos días, caigo en la tentación de comer dulces, lo que me provoca una subida de glucosa. En una ocasión acabé ingresada en el hospital y sufrí mucho. Aun así, me cuesta mucho ser consistente en mi autocuidado».

Aprender a ser consistentes de forma positiva requiere

práctica y llevar a cabo determinados hábitos. Por ejemplo, los estudiantes, deportistas o músicos que practican y estudian a diario no sólo mejoran sus habilidades, sino que tienen más probabilidad de conseguir los resultados deseados. Algunas pautas esenciales para desarrollar hábitos consistentes son:

PAUTAS PARA CREAR HÁBITOS CONSISTENTES

- **Definir el objetivo:** tener clara tu meta ayudará a saber qué quieres.

- **Identificar el propósito:** saber por qué quieres ese objetivo.

- **Crear un horario:** definir, de forma objetiva y realista, el tiempo que se necesita para hacer la tarea y reservarlo en el calendario.

- **Crear un sistema de recordatorios para evitar olvidar** (agendas, alarmas y notas).

- **Crear un sistema de recompensas para mantener la motivación:** más allá de sentir satisfacción y confianza en uno mismo al cumplir con el compromiso, también ayuda crear un sistema de recompensas y de reforzamiento positivo; es decir, premiarse.

- **Hacer seguimiento y revisiones** de forma estructurada para poder llevar a cabo un control de los resultados.

- **Cumplir sin excusas el compromiso de llevar a cabo el nuevo hábito** a pesar del cansancio, la desgana o la pereza. Hacerlo y punto.

La capacidad para ser consistente está directamente relacionada con nuestra determinación por conseguir un objetivo, la fuerza de voluntad y nuestra capacidad para gestionar la pereza, la desgana o la falta de motivación. Está comprobado que para conseguir un objetivo determinado necesitamos aprender a ser perseverantes y disciplinados. Aprender a dedicar el esfuerzo necesario para conseguir un fin y saber tolerar la frustración es uno de los aprendizajes más importantes de la vida. Si conseguimos conquistarlo, tendremos muchas más probabilidades de lograr nuestro propósito, sea cual sea el grado de dificultad. Como dijo la activista y filántropa Lady Aberdeen: «La diferencia entre lo difícil y lo imposible es que lo imposible pide un poco más de tiempo y esfuerzo».

CUIDADOS: ATENDER CON DELICADEZA

Uno de los pilares principales para tener una convivencia saludable es ser cuidadoso. Atender con cuidado es ser atento y concienzudo en el trato. Por ejemplo, los profesionales que trabajamos en el ámbito de la salud mental debemos ser muy cuidadosos en la gestión de la información de nuestros pacientes; debemos mantener la confidencialidad y salvaguardar su bienestar.

Las personas cuidadosas se caracterizan por ser respetuosas y por tener en cuenta las circunstancias y los sentimientos ajenos; son empáticas y miden las palabras con prudencia con independencia del tipo de relación, es decir, exista o no una relación personal y afectiva. Por el contrario, las personas poco cuidadosas se caracterizan por su falta de sensibilidad, por dar malas contestaciones e incluso por ser impertinentes y ofensivas. Las personas cuidadosas conectan más rápida y positivamente con otras. Tienden a construir relaciones duraderas, mientras que las bruscas lo tienen más difícil al producir sentimientos de rechazo.

Aprender una ética de cuidados y respeto para la convivencia con fundamentos morales en virtud del bienestar y de las buenas formas de comportamiento. La mayoría se aprenden en el entorno familiar, en la escuela y a partir del trato personal que se recibe durante la infancia. Para enseñar a ser cuidadoso, primero hay que practicarlo y ser un ejemplo. Los entornos descuidados a menudo son un caldo de cultivo para los conflictos, las faltas de respeto y las conductas de maltrato. Por lo tanto, incorporar el valor del respeto, la consideración y la empatía contribuye a que todos nos beneficiemos.

ESQUEMA DE LAS 10 C PARA UNA CONVIVENCIA SALUDABLE

1. **Confianza:** depositar cuidado, secreto, responsabilidad y esperanza en una persona sin más seguridad que la buena fe y la opinión que se tenga en ella.

2. **Compromiso:** contraer una promesa, un acuerdo, obligación o responsabilidad.

3. **Comunicación:** transmitir y manifestar un mensaje de forma clara, directa y concisa.

4. **Cordialidad:** ser amable, cortés, franco y sincero en el trato.

5. **Consideración:** tratar a otros teniendo en cuenta las circunstancias y los sentimientos ajenos.

6. **Contribución:** concurrir y ayudar a otros constructivamente para conseguir un fin.

7. **Colaboración/cooperación:** contribuir con habilidades y conocimientos para sumar. Unir esfuerzos con otra persona, grupo o entidad con el fin de trabajar en conjunto para conseguir un objetivo determinado.

8. **Coherencia:** actuar en consecuencia entre lo que se dice, hace, piensa y siente. Es la relación lógica y con sentido entre dos o más cosas sin que se produzca contradicción u oposición entre las distintas partes.

9. **Consistencia:** mantener con determinación y fuerza de voluntad una acción o conducta estable en el tiempo.

10. **Cuidados:** atender con delicadeza, diligencia y concienzudamente a otros, teniendo en cuenta las circunstancias y los sentimientos.

4

«Compartología»: la ciencia de dar, recibir y compartir

> Compartir es el comportamiento central y fundamental para nuestra supervivencia como seres humanos. Compartamos historias, procesos, reflexiones, filosofías, técnicas o secretos; es la forma en la que conectamos con los demás y avanzamos como sociedad.
>
> BRYAN KRAMER, *Shareology*

«COMPARTOLOGÍA»: LA CIENCIA QUE ESTUDIA EL ARTE DE COMPARTIR

Compartir es una condición de vida y una regla de oro para una buena convivencia. Aprendemos a compartir, a dar y a recibir desde una edad muy temprana; es una parte esencial de nuestro desarrollo y crecimiento. Como seres humanos, llevamos compartiendo espacio, tiempo, energía, conocimientos, recursos y sentimientos desde los inicios de nuestra historia. Incluso antes de que existiera el lenguaje hablado, lo tenemos grabado en nuestros genes. Compartimos por distintos motivos, para ayudar a otros, para distribuir tareas y responsabilidades o para conseguir un fin común. Pero, dejando a un lado las razones, para la mayoría es un acto que aporta numerosos beneficios. Es una fuente de bienestar emocional, propicia la conexión entre las personas y con frecuencia promueve el agradecimiento y el deseo de corresponder. Como dijo Albert Einstein en *El mundo como lo veo*: «Un centenar de veces al día me recuerdo que mi vida interior y exterior dependen de las labores de otros hombres, vivos y muertos, y que debo ejercitarme a fin de dar en la misma medida en que he recibido y aún recibo».

Compartir conecta y une a las personas. Mueve nuestras emociones y propicia el acercamiento físico. Aunque existen cosas que sólo podemos compartir en persona, como un abrazo, en la actualidad, gracias a las nuevas tecnologías, podemos compartir información a nivel global y en tiempo real desde cualquier lugar del mundo. Quizá podríamos decir que compartir se ha convertido en una ciencia: la «compartología». Si bien este término es una palabra inventada o neologismo creada por Bryan Kramer (expresidente de una empresa de marketing de Silicon Valley y explorador de la filosofía y tecnología social), quizá sería interesante que un día forme parte de nuestro lenguaje común por todo lo que implica y el papel que tiene en las relaciones humanas. En su libro *Shareology* (Compartología) habla sobre el acto de compartir como ciencia (<www.ShareologyBook.com>) y analiza esta conducta intrínseca al mundo de los seres vivos y una condición fundamental para la supervivencia de la especie.

De acuerdo con Kramer, se ha podido comprobar, en especial durante la pandemia de la COVID-19, que, gracias a la facilidad proporcionada por las nuevas tecnologías para intercambiar y compartir información a nivel global, no sólo han cambiado las políticas sociales y económicas de todo el mundo, sino que también ha aumentado el espíritu colaborador y la forma de relacionarse. Por ejemplo, desde hace pocos años en muchas ciudades han surgido empresas centradas en compartir servicios de transporte que facilitan el acceso a vehículos como coches, motos o bicicletas a través de cualquier dispositivo electrónico. De igual modo, se pueden encontrar en las redes sociales iniciativas sociales que colaboran entre sí con el fin de concienciar sobre la importancia de proteger los derechos humanos o el medioambiente. Está en nuestra naturaleza compartir y crear lazos de unión para conectar y construir con otros, y evitar el aislamiento, más aún durante la adversidad.

El principio de reciprocidad: dar y recibir, el pegamento que une y suma

Una de las primeras enseñanzas que recibimos de nuestros padres y cuidadores es aprender a dar, recibir, compartir y agradecer; acciones fundamentales para construir vínculos con otras personas. La reciprocidad es la correspondencia mutua de una persona a otra. Según las investigaciones, la reciprocidad favorece positivamente las relaciones interpersonales; es más, la mayoría de las personas sienten agradecimiento y un deseo por corresponder cuando reciben el apoyo o la ayuda de otra persona. Incluso señalan que ser testigo de actos dadivosos es contagioso; es decir, presenciar actos generosos incita a realizarlos también. Sin embargo, aunque a primera vista podemos pensar que el acto de dar y recibir es siempre positivo, lo cierto es que tiene muchos matices y, si no se gestiona bien, también puede producir sentimientos de culpa, deuda, sumisión o ira. Antes de ofrecer o pedir ayuda es recomendable reflexionar si es razonable o desproporcionado, las consecuencias y tener claro el propósito de dicha oferta o petición. Por ejemplo, a la hora de pedir ayuda es importante decidir con conciencia a la persona adecuada y preguntarse: «¿La persona a la que pido ayuda es alguien de confianza? ¿Utilizará la ayuda para hacer chantaje emocional, manipular o reprochar, o apoyará sin tener una actitud controladora y tirana?». Hay favores que tienen un precio muy alto al convertirse en monedas de cambio con una gran carga de expectativas y un sentimiento espinoso de estar en deuda.

Las personas a las que denomino «prestamistas de ayudas» llevan consigo su lista de «deudores de favores» y acumulan altos intereses con el paso del tiempo. Guardan como oro en paño un inventario de personas que les deben algo, por poco que sea, con el fin de recolectar en un futuro. Aparentan ser generosas, pero en realidad mercantilizan con los favores. En cambio, hay otras que viven a costa de los demás pidiendo favores sin recatarse y sin sentir un mínimo pudor o consideración; caminan por la vida recolectando favores como si fuera un derecho. «Tengo un amigo a quien aprecio mucho pero que siempre está pidiendo favores, sin ningún pudor y por inoportuno que sea —me comentaba un hombre con quien estaba trabajando sobre cómo mejorar sus relaciones personales—. Tiene deudas económicas con todos los compañeros del grupo; nos manipula emocionalmente para que le prestemos dinero, pero después no devuelve lo prestado. He decidido hablar con él y poner freno a esta situación, ya que, además de que me toma el pelo, vive a nuestra costa, y me parece inaceptable, sobre todo durante estos momentos de pandemia en que todos estamos preocupados por nuestra situación laboral. La incertidumbre nos acecha y me he dado cuenta de que existe una diferencia importante entre ayudarnos y compartir apoyo entre los amigos, y no poner límites y permitir que una persona abuse de esa amistad en nombre de la generosidad». Tras una larga reflexión, el hombre habló con su amigo y, después de una conversación incómoda y tensa, consiguió establecer límites y que le devolviera el dinero prestado.

Según Adam Grant, autor de *Dar y recibir*, la reciprocidad consiste en la relación entre dos partes principales: el receptor y el donante. Explica que la mayoría de las personas se caracterizan por ser a veces receptoras y otras veces donantes; existe un equilibrio entre dar y recibir. Pero, si observamos con detenimiento, cada uno tiende a inclinarse un poco más hacia un lado u otro de la balanza; es decir, a tener una conducta más característica de personas donantes o receptoras. Los donantes se caracterizan por tener conductas más generosas y comprensivas que los receptores, pero también se pueden mostrar más manejables, dóciles y sumisos. Los receptores, por su parte, suelen tener una actitud más asertiva y segura que los donantes, pero también se pueden mostrar más egoístas y exigentes. Estas características descritas se encontraron en el estudio realizado por Shalom Schwartz en más de setenta países, en el que no sólo investigó las similitudes y diferencias entre las personas donantes y receptoras, sino también la percepción respecto a valores como la generosidad, la responsabilidad y la gestión del poder. De acuerdo con los resultados, las personas identificadas como receptoras mostraron tener mayor preferencia por valores asociados al dinero y al poder (véase a continuación la lista 1), mientras que las identificadas como donantes presentaron una mayor inclinación por valores asociados a ayudar y a la justicia social (lista 2).

VALORES	
Lista 1 (receptores)	**Lista 2 (donantes)**
Fortuna (dinero, posesiones materiales)	Ayudar (trabajar por el bienestar de los demás)
Poder (control sobre otros, dominancia y poder)	Responsabilidad (ser de confianza)
Placer (disfrutar de la vida)	Justicia social (interesarse por las personas con desventajas)
Ganar (ser mejor que los demás)	Compasión (actuar y ser proactivo ante las necesidades ajenas)

Asimismo, fue interesante comprobar que la generosidad fue el valor más apreciado por unanimidad tanto en las personas donantes como en las receptoras en todos los países, superando el deseo de poder, la libertad, la conformidad, la tradición, la seguridad y el placer. Por tanto, podemos concluir de este estudio que la generosidad es un pilar fundamental en las relaciones personales y en la convivencia, como un pegamento que une y suma.

Mantener un equilibrio saludable entre ser donante y receptor es un reto, es tan importante aprender a dar como a recibir. La clave no es llevar a cabo acciones extraordinarias ni grandiosas, sino querer contribuir al bienestar dando y recibiendo con coherencia y estabilidad. Sin embargo, para conseguir el equilibro es esencial conocerse a uno mismo y saber identificar las propias necesidades y recursos, así como las de los demás para poder ofrecer o pedir siendo justos y usando el sentido común. Para ello necesitamos guiarnos por lo que Grant denomina el «principio de justicia». Un principio que se apoya en los pilares de la igualdad, hacer el bien, ser consecuente y llevar a cabo acciones correctas. Todos esperamos que los demás sean justos con nosotros; por lo tanto, esforzarnos por ser justos con los demás también es imprescindible.

Aquellas personas que tienen la habilidad para mantener el equilibrio justo entre ser donantes y receptoras se caracterizan por identificar con claridad qué, cuándo y cómo dar y recibir; son lo que Grant denomina «buenos equilibradores». Sin embargo, apunta que debemos prestar atención a las personas que a primera vista aparentan ser donantes o equilibradores, cuando en realidad son receptores egoístas o los denominados «falsos donantes». Éstos, a diferencia de los donantes reales, se caracterizan por tener aparentes gestos de generosidad y por acompañar sus actos con palabras amables y cercanas, cuando en realidad su intención es engañar; son un fraude. Los falsos donantes son a veces muy habilidosos y operan de forma encubierta; en principio no son fáciles de detectar. Por ejemplo, su técnica habitual es ofrecer o dar algo con el objetivo de pedir, o incluso exigir, el favor de vuelta y con intereses. «Yo te hice un favor y ahora me debes una» suele ser su lema. Son como un lobo vestido con piel de cordero o un receptor perverso bajo la piel de un donante. Tienen como único objetivo beneficiarse utilizando a los demás, sobre todo a los donantes reales. Sus valores están muy alejados de la generosidad real y suelen tener una actitud egoísta. Por tanto, es recomendable escuchar la propia intuición, sobre todo si se perciben reproches o chantajes persistentes, ya que en estos casos es probable que uno esté frente un falso donante.

LOS RECEPTORES RESISTENTES: EL SUFRIMIENTO QUE SE OCULTA BAJO EL RECIBIR

Desde nuestra más tierna infancia muchos hemos oído mensajes sobre la importancia de dar y recibir, como: «Compartir es bueno», «Tienes que ser generoso», «Si compartes tus juguetes, también podrás jugar con los del otro niño», «Compartir te ayudará a hacer amigos». Independientemente de nuestra tendencia a ser más o menos donantes una vez adultos, estos mensajes han influido en nuestra forma de relacionarnos y de compartir con los demás. Aprender a dar y compartir es esencial para crear lazos de unión, pero a pesar de que ser donante tiene en principio mejor reputación, no debemos olvidar que aprender a recibir también es un acto de generosidad y una parte esencial de las relaciones humanas. A partir de esta premisa, quiero destacar que a menudo trabajo con personas que tienen dificultad para recibir, se sienten incómodas cuando son receptoras de gestos de generosidad ajenos. Son los que Grant denomina «receptores resistentes»; les incomoda ser receptores de casi cualquier cosa, desde regalos hasta halagos o gestos de agradecimiento. Con frecuencia sienten ansiedad y vergüenza al recibir muestras de cariño o algún tipo de atención o reconocimiento. «No me gusta que me halaguen, que me hagan regalos, ni por las fiestas ni por mi cumpleaños, que me digan que estoy guapa o que me feliciten por mis logros. No está bien, o eso me decían mis padres en la infancia. Cuando recibo algún reconocimiento me siento culpable, como si no lo mereciera. Siento vergüenza y sólo quiero desaparecer. No me gusta llamar la atención de ninguna manera, ni para lo positivo ni para lo negativo», me comentaba una mujer. Este malestar emocional, a menudo perturbador, suele relacionarse con sentimientos de culpa, vergüenza, rechazo, ansiedad, desazón y pesadumbre. No pocas veces algunos receptores resistentes me comentan que cualquier reconocimiento o gesto de generosidad dirigido a ellos les produce sensaciones tan desagradables que incluso han sufrido ataques de ansiedad. Más que un reconocimiento positivo, lo viven como un castigo, y a menudo se sienten impostores. «Hacen comentarios positivos de mí y no me reconozco, es como si no fuera yo de quien están hablando. Los demás me perciben de una manera con la que no me identifico, no soy yo. Yo en realidad ni valgo tanto ni hago las cosas bien».

Este sentimiento se denomina el «síndrome del impostor» y se caracteriza por tener la percepción de uno mismo como un fraude o un estafador que no merece el éxito conseguido. «En realidad, la gente que me valora no sabe quién soy, que no me merezco sus elogios y que sólo he tenido suerte. Yo no me veo como me ven los demás», suelen comentar. Cabe destacar que, con independencia de que a una persona se la considere donante o receptora, son muchos los que sufren este síndrome. Y aunque no es un concepto considerado como un trastorno con entidad clínica ni se encuentra en ningún diagnóstico médico o psicológico, el síndrome del impostor está asociado a un sentimiento muy profundo de inseguridad y falta de confianza en el que una persona infravalora las propias capacidades y a veces se siente un fraude; tiene una percepción distorsionada de sí misma.

Los receptores resistentes a menudo desarrollan actitudes que, de forma inconsciente, perjudican sus relaciones personales al impedir que otros se sientan bien realizando gestos generosos, es decir, obstaculizan la oportunidad para que otras personas puedan desarrollarse como donantes, lo que puede provocar un distanciamiento emocional. Un paciente me comentaba: «Tengo un hermano que es muy generoso, pero tiene también el gran defecto de no permitir que otras personas sean generosas con él. Cuando salimos en familia siempre quiere ser él el pagador, el que hace los mejores regalos, pero no acepta los nuestros ni nuestros gestos de generosidad, ni siquiera por su cumpleaños. Tanto es así, que alguna vez hemos discutido con él y lo hemos acusado de ser un egoísta por querer ser él el único generoso de la familia». En el siguiente cuadro se presentan las diez razones más comunes de resistencia que caracterizan a los receptores resistentes. (Si, por casualidad, el lector se siente identificado, ya sea en el entorno familiar, laboral o de amistad, lo animo a que explore sus razones para intentar cambiar alguno de estos hábitos y encontrar el equilibrio).

EL RECEPTOR RESISTENTE	
Motivo	**Definición**
1. No ser merecedor	Sentimiento de no merecer recibir afecto, gestos de aprecio o ser reconocidos socialmente por falta de autoestima.
2. Síndrome del impostor	Sentimiento de no ser merecedor por considerarse a sí mismo un fraude, un engaño y por sentir que los demás no tienen conciencia real de su poca valía.
3. Distanciamiento	Mantener la distancia con los demás con el fin de mantener la intimidad. Recibir implica tener un acercamiento de otras personas y estar abiertos a compartir.
4. Vergüenza	Ser receptor provoca un sentimiento desproporcionado de vergüenza.
5. Pérdida de control	Dar aumenta el control, mientras que recibir implica pérdida de control sobre el momento. Ser receptores supone cederle el control a otra persona, lo que puede provocar ansiedad y miedo.
6. Egoísmo	Considerar que cualquier acto que implique recibir es un acto de egoísmo, egocentrismo y narcisismo.
7. Ocultación de intenciones/ falsedad	El gesto de ser receptor implica intenciones ocultas por parte del donante al considerarse falsas, hipócritas o con intereses perversos.
8. Compromiso y expectativas	El ser receptor evita crear expectativas y un compromiso con el donante.
9. Fobia social	Aversión a reuniones o grupos de personas. Miedo a hablar en público. Extrema incomodidad a ser el centro de atención.
10. Deuda	Cualquier acto de recibir significa tener una deuda.

El altruismo verdadero y falso: los peligros
de ser un donante adicto

El término «altruismo» se define como ayudar a otra persona
directa o indirectamente de forma desinteresada. Es el acto
de procurar el bien ajeno sin recibir a cambio ningún beneficio. Su etimología proviene del francés *altruisme* (filantropía),
término que acuñó el filósofo Auguste Comte en 1851. En el
campo de la psicología social se considera una de las conductas más positivas y generosas del ser humano. El comportamiento altruista se puede observar en los niños a partir de los
18 meses y surge a partir del sentimiento de empatía, el deseo
de ayudar y de aliviar el malestar de otros. Las personas altruistas se caracterizan por tener una actitud protectora y por
un profundo deseo de ayudar al prójimo dejando a un lado su
bienestar personal. En algunos casos incluso están dispuestas
a sacrificar su propia vida, como puede ser el caso de un médico, bombero o un miembro del equipo de emergencias y
rescate. El motor principal de sus acciones son sus valores
y principios y su naturaleza cuidadora y de sacrificio: «Es
lo que tengo, debo y quiero hacer», me comentan con frecuencia.

De acuerdo con los estudios, existen dos teorías principales con puntos de vista opuestos que explican las conductas
altruistas. Por un lado, la teoría puramente altruista sostiene
que el acto de ayudar a otros lo induce un sentimiento puro,
desinteresado y exclusivo de empatía, justicia y deber. Por
otro lado, está la teoría pseudoaltruista, que sostiene que los
actos altruistas puros son irreales, ya que siempre tienen motivaciones ocultas asociadas a recompensas, reconocimien-

tos, cumplir expectativas sociales, obtener aprobación social, expectativa de favores futuros, reducir estrés y tensiones, así como para ser aceptado socialmente. No obstante, es probable que la mayoría estemos de acuerdo en que los actos altruistas son positivos y promoverlos favorece el desarrollo de una cultura y sociedad cooperadora y solidaria basada en la responsabilidad y la ayuda social; contribuyen a luchar contra el sufrimiento y las miserias humanas.

A nivel social las conductas altruistas están muy bien vistas y tienen buena reputación. Las personas altruistas ayudan a otras, conocidas o desconocidas, de forma automática. Ayudar es un deber por encima de todo y un acto justo. «Es mi deber», «Es mi trabajo», «Es lo que se tiene que hacer y no lo percibo de otra forma» son las respuestas que he recibido de algunas personas altruistas cuando les he preguntado sobre el porqué de sus acciones. Por mi profesión he tenido la oportunidad de conversar con personas altruistas dedicadas a la medicina y a labores de rescate de alto riesgo que sufrieron accidentes graves y perdieron algún miembro de su cuerpo o su salud por ayudar a otra persona en peligro. Durante nuestras conversaciones me han comentado que a pesar de tener que convivir a diario con molestias físicas, dolor o problemas de movilidad, volverían a hacer lo mismo: «A pesar del sufrimiento y las dificultades, vivo en paz».

Sin embargo, como dice el refrán popular: «No es oro todo lo que reluce». A veces interpretamos un gesto como un acto generoso y altruista, cuando en realidad oculta otras motivaciones o razones. Como hemos visto, los falsos donantes son un ejemplo de personas que en apariencia tienen buenas intenciones pero en realidad se mueven por intereses y motivaciones egoístas. Pero, según explica Grant, también hay personas que son adictas emocionales a dar, los denominados «donantes adictos». Aunque es un concepto algo complejo, estas personas se caracterizan por tener la necesidad imperiosa, incluso compulsiva y exagerada, de dar. No saben gestionar sus actos de generosidad, lo dan todo de forma desmedida y sin reflexionar. Son personas que dan todo de sí mismas sin excepción y sacrifican todo sin tener claro el propósito, las consecuencias, ni siquiera reflexionan sobre el posible daño que pueden causar a personas de su entorno. Son personas impulsivas que no saben poner límites ni tienen en cuenta las propias necesidades básicas, y se convierten a veces en felpudos emocionales de los demás, incluso de aquellos que las maltratan. Los donantes adictos emocionalmente tienden a ser dependientes y a menudo tienen conductas sumisas. Su necesidad exacerbada de dar es descontrolada y en algunos casos su conducta impulsiva llega a ser tan destructiva que se despojan y endeudan, destruyendo sus pilares de seguridad básica.

La clave de ser una persona conscientemente generosa es poder identificar las razones por las que se decide dar al tener claro el propósito, las consecuencias y el significado del acto generoso. Por lo tanto, es recomendable preguntarnos si nuestra relación con el receptor justifica la ayuda o donación, y sobre todo si nuestra ayuda es necesaria. No olvidemos que a veces se puede caer en dinámicas de sobreprotección y querer ayudar o salvar a quien no lo ha pedido o incluso no lo necesita. Así que, para evitar ser un falso donante o un donante adicto, debemos tener claro que

no es lo mismo ayudar y acompañar que victimizar y sobre-
proteger.

LOS BENEFICIOS DE SABER TURNARSE: HOY POR TI, MAÑANA POR MÍ

Aprender a tomar turnos es una aptitud muy valiosa y positiva tanto a nivel individual como grupal. Nos ayuda a mantener el orden, la armonía y la cordialidad social, así como a
organizarnos, planificarnos y a ser más eficientes y eficaces.
Aprendemos a turnarnos a partir de los cinco años a través
del juego y desde entonces nos pasamos la vida turnándonos,
ya sea para tomar la palabra, cruzar la calle como conductor
o peatón, o para llevar a cabo una tarea.

Aprender a respetar los turnos nos enseña a ser pacientes
y a esperar; nos ofrece la posibilidad de anticipar el futuro y
gestionar bien el tiempo. Como dijo el conocido actor Bob
Hope: «Yo crecí con seis hermanos. Y aprendí a bailar esperando en la cola para entrar en el cuarto de baño». Cuando
respetamos los turnos ejercemos el autocontrol y toleramos
mejor el sentimiento de frustración al aumentar nuestra capacidad para ejercer la fuerza de voluntad; podemos renunciar
a un beneficio inmediato al controlar nuestros impulsos. «Soy
muy impaciente y no sé esperar —me comentan con frecuencia algunos pacientes—. Siempre que debo esperar a algo o
alguien siento ansiedad. El sentimiento de incertidumbre me
frustra, me convierte en una persona malhumorada e irascible, los pensamientos se vuelven negativos, incluso a veces
catastrofistas. Por ejemplo, mientras espero recibir resulta-

dos médicos siempre acabo pensando en lo peor. Crecí en un entorno familiar en el que ni mis hermanos ni yo aprendimos a gestionar la espera con calma y serenidad. Nuestros padres eran muy ansiosos y ante cualquier duda o espera siempre se pensaba en lo peor. Creo que ellos tampoco aprendieron a gestionarla y como resultado nos "contagiaron" su ansiedad y su forma de percibirla, con desazón y desasosiego».

Todos nacemos con la tendencia a buscar la gratificación inmediata, pero con la experiencia que proporcionan los años entendemos que es mejor aprender a ser maestros de nuestros impulsos y nuestra voluntad. Pero necesitamos que alguien nos enseñe y que nos explique cómo conseguirlo, sobre todo a esperar nuestro turno. Por ejemplo, cuando los niños pequeños interrumpen las conversaciones entre adultos, a menudo los padres les llaman la atención con frases como: «Espera un momento, que ahora estoy hablando», «Espera tu turno», «No interrumpas». Como resultado se mantienen en silencio durante unos segundos, pero no suelen tardar en volver a interrumpir o a exigir su turno de palabra. Algunas pautas (para niños y adultos) para aprender a respetar los turnos incluyen: 1) practicar deporte en equipo o juegos de mesa con amigos o en familia; 2) practicar la espera y el autocontrol de manera consciente, es decir, cuando surja un impulso asociado a cubrir un deseo inmediato, como comer o decir algo determinado, se recomienda esperar cinco o diez minutos.

Nuestra conducta es un reflejo de quiénes somos, por lo que tener buenos referentes a la hora de aprender a ejercer el autocontrol es esencial. Para ello es necesario que los padres, profesores y cuidadores expliquen a los niños las razones por las que es bueno esperar a algo como un postre o un regalo, y cómo lograrlo, ya sea a través de la distracción o mediante una actividad alternativa. Responder a la pregunta «¿Por qué tengo que esperar» con la frase «Porque sí, porque lo digo yo y punto» no suele ser útil ni productivo. Es cierto que enseñar y educar requiere paciencia, pero hacerlo con educación y amabilidad no sólo ayudará a prevenir conflictos, sino a desarrollar inteligencia emocional.

Las personas que no respetan los turnos a menudo se perciben como maleducadas y tramposas; producen animadversión. ¿Quién no se ha irritado en algún momento con alguna persona que se cuela en la fila para entrar o pagar en algún sitio, o con alguien cuando monopoliza o interrumpe la conversación sin cesar? Sobre todo, cuando entra en un bucle de quejas y demandas sin fin: «Porque yo estoy peor... Qué mal está el mundo... Esto no puede seguir así... Necesito... Quiero... Me debes... Ya podrías hacer...». Son personas que vuelcan sus frustraciones, críticas y quejas en cascada sin consideración, sin pedir permiso y sin ningún comedimiento. Uno puede intentar frenarlas, o incluso interrumpirlas con educación, pero ellas elevan la voz y continúan con su verborrea infinita.

Con frecuencia mis pacientes me preguntan: «¿Qué puedo hacer para salir de una conversación con una persona que acapara la conversación de manera egoísta?». En mi experiencia, y de acuerdo con expertos en comunicación y diplomacia efectiva, la solución es aplicar la ASERTIVIDAD. Es decir, ser firme, poner límites y poner punto final a la conversación manteniendo la educación y el respeto. Por ejemplo, mientras miramos al otro a los ojos podemos decir: «Siento interrumpir, pero tengo que marcharme. Hablamos en otro momento» o «Discúlpame, por favor, no puedo escuchar tu historia porque llego tarde a mi cita», y a continuación proceder a poner distancia física lentamente. Si la persona insiste en continuar con su monólogo es recomendable repetir el mensaje las veces que sean necesarias. Este método puede resultar algo incómodo, aplicar la asertividad no siempre es fácil, pero al final cada uno necesita encontrar su propio estilo para proteger su espacio, tiempo y energía de las personas invasivas.

CONVIVIR EN LAS REDES SOCIALES: «COMPARTIRNOS» PARA CONECTAR, PERTENECER Y SER VISTOS

Uno de nuestros pilares fundamentales de conservación es sentirnos conectados y pertenecer a un grupo; nos produce sensación de seguridad y protección. Sin embargo, esto a su vez implica seguir unas reglas determinadas y cumplir con algunas expectativas. Todos los sistemas grupales y sus integrantes están sujetos a normas sociales y de conducta; convivimos y compartimos siguiendo un orden y unas pautas básicas de convivencia. Estas normas pueden ser más o menos estrictas, desde ejercer restricciones básicas para preservar la seguridad de todos (como son las normas de tráfico) hasta imponer medidas autoritarias como existen en algunos países y culturas en los que se llega a repudiar a una persona o a castigarla con la muerte si no se cumplen.

En la actualidad vivimos en la era digital, un mundo en el que, gracias a las nuevas tecnologías e internet, podemos conectar con personas en tiempo real y compartir información a pesar de la distancia geográfica. Es un mundo digital globalizado que existe desde hace poco tiempo; por tanto, estamos adaptándonos a una nueva forma de vida, estamos afrontando retos y dificultades sin precedentes, que requieren aprender nuevas normas de comportamiento e incorporar sistemas de protección y regulación con el fin de salvaguardar los derechos de los usuarios y la información compartida. Aún hay mucho trabajo por hacer en educar, corregir y mejorar el sistema. No obstante, a pesar de estos desafíos, es un gran avance para la humanidad tener la posibilidad de conectarnos al espacio virtual desde cualquier dispositivo electrónico para navegar en un universo infinito de posibilidades que facilita no sólo la conexión interpersonal, sino trabajar y estudiar en colaboración con compañeros que se encuentran en otros países. Por tanto, no es de extrañar que existan más dispositivos que personas en el mundo. Como comentó Gartner Inc., los cálculos indican que para 2022 habrá más de veintiséis mil millones de dispositivos conectados a internet, mientras que la población mundial es de unos siete mil millones de personas.

Existen multitud de plataformas, páginas web y redes sociales donde, además de compartir información, actividades e intereses, se puede construir una imagen y marca personal y profesional real o ficticia. Todo lo que compartimos en las redes influye en la percepción que tienen los demás sobre nosotros. Como apunta Bryan Kramer, gracias a la tecnología podemos crear nuestra carta de presentación e influir en nuestra imagen y reputación: «La reputación personal es igual a la reputación percibida del contenido o de la fuente que se comparte. Cuando nos relacionamos en las redes y compartimos información sobre nosotros, ésta suele estar en sincronía con la forma en la que nos percibimos o nos gustaría ser percibidos». Por ejemplo, lo que determina el éxito y popularidad de los *influencers* y *youtubers* es su capacidad para ser auténticos, la frecuencia de sus interacciones personales, su alto cociente de «compartibilidad» y la cantidad de seguidores obtenidos; algunos transmiten un mensaje positivo y constructivo, aportan enseñanzas que mejoran el bienestar y la salud. Pero también existen los denominados *haters* («odiadores»), personas con una actitud negativa y destructiva que se caracterizan por tener un mensaje ofensivo, humillante y acosador, y los *trolls*, que se dedican a publicar comentarios provocadores y a veces irrelevantes alterando la línea de la conversación con el objetivo de provocar malestar, irritar o enfadar a los usuarios.

El futuro de las plataformas sociales es un territorio nuevo donde la colaboración tiene un papel esencial en la creación de las experiencias del futuro. Cada vez surgen más movimientos y colaboraciones entre el mundo digital y nuestro mundo físico que afectan la forma de relacionarnos. Las redes sociales son un espacio abierto, algo desordenado, que sin reglas básicas de convivencia se puede convertir en un campo de batalla sangriento y manipulador, con información falsa o *fake news*. Por tanto, es recomendable ser prudentes, precavidos y cuidadosos con la información que compartimos, así como educar para utilizarlo de forma responsable.

En conclusión, es esencial no infravalorar el poder de la comunicación en el espacio virtual, ya que la palabra escrita y los mensajes transmitidos pueden ser un arma de doble filo, tanto para atacar y destruir como para unir y solidarizar. Si tenemos en cuenta que en la actualidad más de 5.000 millones de personas se pueden conectar a internet, no cabe duda de que la información compartida influye en nuestras decisiones, percepciones y sentimientos; no debemos infravalorar el poder de la multitud. En palabras de Kramer: «Para sobrevivir al cambio evolutivo que se avecina, todos necesitamos encontrar maneras de darle la bienvenida a la ola social y digital, que llega a su punto más elevado en este preciso momento; utilizar su impulso y alinearnos para poder influir en la experiencia humana. Es el momento de definir nuestros principios de compartición».

La buena educación: diplomacia, reglas de cortesía y lo políticamente correcto

«Los buenos modales nunca pasan de moda», leí en una ocasión, y aunque para algunas personas es una práctica en desuso, no hay que infravalorar el poder de ser cortés. Es muy probable todos podamos identificar a alguien de nuestro entorno que carezca de modales; sin embargo, no pocas veces somos ignorantes de cuando nosotros mismos estamos siendo rudos. Es esperable despistarnos y cometer errores excepcionales, como olvidarnos de incluir un «por favor» o «gracias», pero está demostrado que las personas que aplican buenos modales de forma habitual desarrollan mejores relaciones personales y afectivas que aquellas que no las utilizan. En una ocasión estuve hablando con un profesor especializado en diplomacia que compartió conmigo de forma muy sencilla y útil algunas normas básicas de cortesía que facilitan una buena convivencia (ver página siguiente).

«Estas normas, que favorecen la comunicación, la conexión y la armonía, pueden parecer sencillas y de sentido común —me comentaba—, pero lo cierto es que no todos las usamos ni somos conscientes de cuánto influyen en las primeras impresiones y en el trato diario con nuestros convivientes, ya sean elegidos o no elegidos». Durante nuestra conversación explicó que utilizar una comunicación educada y correcta implica saber identificar los momentos en los que es conveniente ser políticamente correcto, hablar desde la cordialidad, la consideración y el respeto. El objetivo de ser políticamente correcto es utilizar términos considerados neutrales y que no tienen una historia de controversia. Es luchar contra el lenguaje sexista, racista y discriminatorio. Sin embargo, los sustantivos o términos sustitutivos a veces pueden considerarse una discriminación. Por ejemplo, algunas personas en Estados Unidos piensan que el término «persona de color» es inaceptable para describir a una persona de raza afroamericana. A pesar de que que se utiliza desde hace unas décadas con el fin de sustituir «persona blanca o negra», desde su punto de vista también implica connotaciones negativas y creen que lo que en un principio se pensaba políticamente correcto se transformó en políticamente incorrecto. De este modo, el profesor aclaraba que con frecuencia algunos términos políticamente correctos se asocian a paradojas del lenguaje que alteran el mensaje y las

REGLAS BÁSICAS DE CONVIVENCIA		
Llegas	$\longrightarrow$	Saluda
Te vas	$\longrightarrow$	Despídete
Te hacen un favor	$\longrightarrow$	Agradécelo
Prometes	$\longrightarrow$	Cumple
Ofendes	$\longrightarrow$	Pide disculpas
Te hablan	$\longrightarrow$	Contesta
Enciendes	$\longrightarrow$	Apaga
Abres	$\longrightarrow$	Cierra
Compras	$\longrightarrow$	Paga
No vas a ayudar	$\longrightarrow$	No molestes ni estorbes
No comprendes	$\longrightarrow$	Pregunta
No te pertenece	$\longrightarrow$	No lo cojas sin permiso
Pides prestado	$\longrightarrow$	Devuelve
Tienes	$\longrightarrow$	Comparte
Ensuciaste	$\longrightarrow$	Limpia
Rompiste	$\longrightarrow$	Arréglalo o reponlo
No tienes afinidad o no te cae bien	$\longrightarrow$	Sé educado y respetuoso

percepciones ideológicas, políticas, sociológicas y económicas, y de forma irresponsable rompen normas gramaticales del lenguaje deteriorando su calidad. Como ejemplo, hizo referencia a un mensaje con tono humorístico que se viralizó en las redes sociales: «Los seres humanos y las seras humanas, todos y todas juntos y juntas, hemos de erradicar el sexismo y la sexisma del lenguaje y la lenguaja».

Para algunas personas lo políticamente correcto es una prioridad, mientras que para otras se ha convertido en un concepto opresivo e hipócrita que roba la libertad individual para decir lo que se piensa; se considera un acto de censura. Para estas personas la extrema preocupación por ser políticamente correcto ha provocado una hipertrofia del lenguaje. Como resultado, surgen malentendidos y aumenta la actitud hipócrita por miedo a decir lo que de verdad se piensa al temer que se ponga en juego la propia reputación. Asimismo, consideran lo políticamente correcto una tiranía a la palabra y a la verdad, y opinan que las personas en exceso políticamente correctas no hablan con claridad, son hipersensibles y susceptibles a cualquier tipo de comentario o crítica, incluso cuando ésta es constructiva. Como consecuencia, se pierde el equilibrio entre el mensaje y las formas. Sin embargo, a pesar de los diferentes puntos de vista, uno puede concluir que es importante saber elegir los momentos adecuados para compartir las opiniones y creencias. Tener buenos modales y ciertas habilidades diplomáticas favorecen las relaciones incluso con las personas difíciles. Por lo tanto, se recomienda evitar ser «sincericidas» (neologismo asociado a la sinceridad excesiva e hiriente) y compartir sin filtro todo lo que se nos pasa por la cabeza sin tener en cuenta a la persona que se tiene

delante, ya que al final puede tener consecuencias demoledoras, como echarse tierra encima hasta ahogarse en las propias
palabras.

No pocas veces nos encontramos conversando sobre algún tema peliagudo, ya sea político, religioso, económico o
social que nos produce desazón, irascibilidad o un conflicto
con otros, y tenemos la capacidad para decidir si ser educados o no, si ser políticamente correctos o decir alto y claro lo
que pensamos sin teñir y sin poner filtros a nuestro mensaje.
Llamar las cosas por su nombre no es siempre una labor fácil.
En mi trabajo como psicóloga observo que a veces compartir
algunos sentimientos y opiniones despierta temor a ser rechazado o juzgado. «¿Qué dirían los demás si supieran que
pienso esto? Me da miedo que se burlen o me excluyan del
grupo», me comentan con frecuencia. Sin embargo, también
surge temor, porque se quiere proteger la sensibilidad de
otra persona. «No quiero compartir lo que pienso porque
soy consciente de que haré daño; por tanto, prefiero no decir
nada», me dicen en otras ocasiones. Pero sea cual sea la razón
por la que uno decide compartir o no compartir información, ser directo, claro y conciso puede ser un gran desafío,
incluso en la convivencia con nosotros mismos. No olvidemos que también es importante relacionarse con buena educación con uno mismo y aplicar la inteligencia emocional.
Conocernos y tratarnos con amabilidad es esencial para poder desarrollar una relación positiva con nosotros mismos;
por tanto, aprender a reconocer en nosotros determinados
sentimientos, defectos o limitaciones requiere coraje y capacidad para aceptar características que no nos enorgullecen.
Si bien es positivo conocerlos, ya que al identificarlos pode-

mos intentar mejorarlos o aceptarlos con amabilidad como parte intrínseca de nuestra naturaleza, igual de importante es identificar las propias fortalezas y virtudes, ya que ellas son las que nos ayudarán siempre a superar cualquier desafío y adversidad.

5

Convivir con uno mismo: el primer no elegido

> En cualquier momento específico de la vida, nos encontramos en una de las siguientes tres etapas: estamos aspirando a algo o tratando de hacer una nueva en el universo, hemos alcanzado el éxito, tal vez un poco o tal vez mucho, o hemos fallado reciente o constantemente. La mayoría de nosotros pasamos todo el tiempo de una etapa a otra de forma fluida.
>
> RYAN HOLIDAY, *El ego es el enemigo*

PRIMERA REGLA DE CONVIVENCIA: CONOCERNOS PARA CONVIVIR CON NOSOTROS MISMOS

La primera persona no elegida de nuestra vida somos nosotros mismos. No elegimos nacer, ni a nuestros familiares, ni muchas circunstancias de nuestro entorno. Nos guste o no, nacemos con unos genes y unas características determinadas que no se pueden cambiar, así que debemos aprender a convivir con ellos. Sin embargo, hay muchas otras cosas en las que sí podemos influir y que podemos moldear para tener la vida que deseamos, como son nuestros hábitos, conocimientos, actitud y habilidades. Pero, para ello, primero necesitamos conocer nuestra personalidad, fortalezas, limitaciones y aquellas cosas o personas que afectan en el estado de ánimo. Como decía Daniel Goleman en *Inteligencia emocional*, «la capacidad de reconocer nuestros propios sentimientos, motivaciones y manejar bien nuestras emociones es imprescindible para poder tener una relación saludable con nosotros mismos».

La manera en la que nos percibimos determinará no sólo si nos gustamos o no, sino que también influirá en el trato que tenemos con nosotros mismos y los demás, en cómo nos de-

AUTOCONCEPTO: conjunto de características y rasgos personales, competencias, talentos, aptitudes, valores y criterios que identifican y definen a una persona a nivel individual y social.

Autoconcepto positivo: «Soy/me considero una persona con vitalidad, afable, atractiva, simpática, sociable, educada, inteligente...».

Autoconcepto negativo: «Soy/me considero una persona apática, antipática, distante, torpe, maleducada, poco atractiva, antisociable...».

AUTOPERCEPCIÓN

AUTOESTIMA: valoración positiva o negativa que hacemos de nosotros mismos a partir del autoconcepto y los resultados conseguidos.

Autoestima positiva: «Confío en mí mismo y en mis habilidades. Me gusta mi personalidad y considero que soy capaz de conseguir buenos resultados».

Autoestima negativa: «No me gusto, soy un desastre, nunca consigo mis objetivos, soy débil, no valgo para nada».

senvolvemos ante las dificultades y en la capacidad de confiar en nuestras capacidades. La percepción que tenemos de nosotros mismos (autopercepción) se apoya en dos conceptos principales: el autoconcepto y la autoestima.

A continuación el lector puede realizar el siguiente ejercicio práctico de autopercepción para conocer su autoconcepto y autoestima. (Nota: Si no desea completar el ejercicio, puede saltárselo y continuar con la lectura sin perder el hilo del texto).

AUTOCONCEPTO: «Soy una persona...».

Características y rasgos personales:

_____

Habilidades, aptitudes y competencias:

_____

Valores: _____

¿Cómo me percibo?

AUTOESTIMA: «Valoro positivamente/negativamente de mí...».

Me gusta de mí: _____

No me gusta de mí: _____

¿En general me considero una persona merecedora de cariño, respeto...? _____

Una vez completados los apartados, recomiendo que el lector se haga las siguientes preguntas y decida si existe algún aspecto de sí mismo que le gustaría cambiar:

1. ¿Me gustaría cambiar algún aspecto de mi autoestima y autoconcepto? Sí ___ No ___

2. ¿Me merece la pena hacer el esfuerzo para cambiar y mejorar algunos aspectos de mi vida con el fin de sentirme mejor conmigo mismo? (Si la respuesta es positiva, conviene identificar y diferenciar entre qué puedo cambiar y qué no).

   • Qué puedo cambiar: _____

   • Qué no puedo cambiar: _____

3. Conviene valorar objetivamente si puede realizar el trabajo de cambio solo o si conviene pedir ayuda externa, ya sea de una persona de confianza, familiar o profesional. (Por ejemplo, si decide que quiere ponerse en forma, quizá le ayude consultar a un entrenador físico).

En el siguiente cuadro presento algunos conceptos útiles para el proceso de autoconocimiento. Utilicé este cuadro en mi libro *La familia: de relaciones tóxicas a relaciones sanas*, pp. 92-93, pero me parece pertinente incluirlo aquí porque es una guía sencilla y práctica para todo aquel que quiera aprender un poco más sobre sí mismo:

Áreas de autoconocimiento	Autopercepción: mis características
Autoconcepto: cómo me describo como persona	Describir la percepción que tenemos de nosotros mismos: soy una persona alegre, triste, arrogante, serena, pedante, comprensiva, empática, sociable, hostil, inteligente, lista, torpe, disciplinada, trabajadora, vaga, perezosa, nerviosa, dinámica, pasiva, activa...

Cualidades y características de mi personalidad que me diferencian de los demás	Soy simpático/antipático, abierto/cerrado, con sentido del humor, cercano, tímido, juicioso, reservado, hablo mucho/poco, rápido/despacio, gesticulo mucho/poco, suelo caer bien a los demás.
Autoestima	¿Qué grado de autoestima tengo: alta, mediana, baja? Señalar las áreas vitales en las que siento que tengo una alta autoestima y en las que la tengo baja.
Fortalezas	Identificar mis fortalezas: asertividad, seguridad, resolución, habilidades sociales, capacidad comunicativa, sociabilidad.
Limitaciones y debilidades	Identificar mis debilidades: inseguridades, sentimientos de inferioridad, miedos, dificultades…
Actitud frente a las dificultades y los problemas en general	Identificar las actitudes más frecuentes ante la adversidad con ejemplos. ¿Busco soluciones? ¿Pido ayuda? ¿Me paralizo, enfado o lo tomo como un reto?
Identificar logros y aprendizajes vitales más relevantes	Identificar experiencias positivas y negativas relevantes y referentes.
Traumas y pérdidas más significativas	Apuntar experiencias vitales dolorosas, que se han superado y las que no.
Valores y principios	Identificar los valores y principios familiares, durante la infancia, y propios elegidos e integrados con los años (los cambiados y los que permanecen).
Gustos personales	Identificar las cosas que me gustan y no me gustan: personas, situaciones, actitudes, comportamientos, materiales, pensamientos…

Las personas más importantes de mi vida	Incluir los nombres de las personas que siente que son las más relevantes, influyentes y significativas (con independencia de que sean positivas o negativas).
Las personas positivas, amables, constructivas que me aportan bienestar	Identificar aquellas que son generosas, gentiles, amables (familia, pareja, amigos, compañeros, vecinos...).
Las personas tóxicas, negativas, desagradables y destructivas que me producen malestar	Identificar aquellas que son manipuladoras, hacen daño, chantaje emocional, ofende, faltan el respeto, humillan, maltratan (familia, pareja, conocidos, compañeros, vecinos...).
Fuente de los miedos, vergüenza, culpa rabia ira, frustración, tristeza	Identificar situaciones, cosas, entornos, trabajo, familia... pensamientos, que desestabilizan y provocan dolor emocional.
Fuente de bienestar, serenidad, alegría, placer	Identificar situaciones, cosas, entornos, trabajo, familia... pensamientos que me alegran y me hacen sentir bien.
Objetivos personales: ¿qué me gustaría mejorar, cambiar, entender?	Identificar aspectos de uno mismo y de las relaciones externas (elegidos y no elegidos) que desearía mejorar (comportamiento, conocimientos, habilidades, relaciones, percepciones...).

Cuando somos nuestro peor enemigo: convivir con el monstruo que llevamos dentro

El diálogo interno es muy poderoso. Tanto para bien como para mal, influye en nuestro estado de ánimo, comportamiento, capacidad para tomar decisiones y en nuestras relaciones.

Cuando nos hablamos bien somos nuestros mejores aliados, pero cuando nos hablamos mal podemos llegar a ser nuestros peores enemigos; la crueldad de nuestras palabras nos puede conducir a la autodestrucción. De hecho, si usáramos el mismo lenguaje destructivo y perverso hacia un amigo, es muy probable que lo perdiéramos como amigo, de forma que prestar atención a qué nos decimos y cómo nos hablamos es muy importante. Como dijo el psicólogo y escritor Bernardo Stamateas: «Tu peor enemigo no son las críticas destructivas que recibes, sino aquellas que aceptas».

Los antiguos filósofos tibetanos explican con mucha claridad los diferentes tipos de enemistad. Según su visión, la enemistad se puede clasificar en enemigos externos e internos y se identifican cuatro tipos de enemigos, uno exterior y tres en nuestro interior:

1. **El enemigo exterior:** aquellas personas tóxicas que dañan, desestabilizan, hacen chantaje emocional, tratan mal, hostigan, acosan y crean situaciones de tensión constante. Por ejemplo, los mensajes acosadores de una pareja celosa y posesiva: «No puedes salir con tus amigos sin mí y vestida de esa forma tan provocativa. Si de verdad me quisieras, preferirías estar conmigo en vez de con tus amigos».

2. **El enemigo interior:** aquellos pensamientos y hábitos propios que despiertan sentimientos de rabia, ira o envidia hacia otras personas; grandes destructores del bienestar emocional y de las relaciones personales. Por ejemplo, «No quiero invitar a mi amigo a la fiesta porque caerá mejor que yo».

3. **El enemigo secreto:** asociado al ensimismamiento, el egocentrismo y el narcisismo. Se caracteriza por provocar preocupaciones y pensamientos obsesivos que nos aíslan de los demás. Por ejemplo, «Los demás me envidian porque soy más guapo e inteligente que la mayoría, no encontraré amigos de mi nivel».

4. **El enemigo supersecreto:** Está en nuestro interior más profundo y se alimenta del odio y el aborrecimiento hacia uno mismo, coartando la propia libertad y la capacidad para ser felices. Por ejemplo, «Mi forma de ser y mi imagen me repugnan; me doy asco».

La forma en la que nos hablamos y las palabras que utilizamos influyen en nuestras creencias y sentimientos; los pensamientos positivos nos alegran, mientras que los negativos nos entristecen o atemorizan. Como apunta el psiquiatra y escritor David Burns, debemos cuidar nuestro diálogo interno porque éste tiene el poder de alimentar nuestra ilusión, alegría y autoestima, así como nuestros sentimientos de pérdida, inseguridad y dolor. Explica que existen diez tipos de pensamientos negativos que distorsionan y empeoran nuestra visión del mundo, de nuestras relaciones y de nosotros mismos. A pesar de que he incluido este cuadro en trabajos anteriores, me parece importante volver a recordarlos con el fin de ayudar a refrescar la memoria y tener en cuenta nuestros hábitos de autocuidado:

DIEZ PENSAMIENTOS NEGATIVOS Y DESTRUCTORES QUE DISTORSIONAN LA REALIDAD

1. **Pensamientos «todo o nada»:** se fundan en ideas perfeccionistas (por ejemplo: «Si no sale perfecto, el esfuerzo no habrá servido para nada»).

2. **Sobregeneralización:** la explicación que se asocia a una situación se generaliza centrándose en «nunca» y «siempre» (por ejemplo: «Nunca encontraré pareja. Siempre me sale mal»).

3. **Filtro mental:** sólo se pone el foco en lo negativo, ignorando lo positivo (por ejemplo: «Ha sido un fracaso porque faltó este pequeño detalle»).

4. **Precipitarse en las conclusiones:** se anticipa y se predice precipitada y negativamente sin tener pruebas y fundamentos (por ejemplo: «Para qué voy a ir a la fiesta si en realidad no quieren que asista»).

5. **Amplificación:** se infravaloran los aspectos positivos y se exageran los negativos (por ejemplo: «Soy un desastre, he sacado un nueve en vez de un diez. No valgo para esto»).

6. **Razonamiento emocional:** se da por hecho que los sentimientos negativos son los que representan la realidad (por ejemplo: «Me siento inútil, así que no debo de servir para nada»).

7. **Afirmaciones hipotéticas:** pensamientos que suscitan frustración e ineptitud (la tiranía de los «debería»; por ejemplo: «Debería haber sido más guapo e inteligente para tener éxito»).

8. **Pensamientos irracionales:** sin fundamentos y despectivos (por ejemplo: «El torpe y tonto del grupo»).

9. **Personalización:** pensamientos que otorgan la responsabilidad sin tener, en realidad, ningún control sobre los hechos (por ejemplo: «Por mi culpa se han separado mis padres»).

10. **Vergüenza:** pensamientos asociados al sentido del ridículo (por ejemplo: «Soy una vergüenza y un ridículo de persona. No merezco que me valoren»).

Fuente: Burns, D., *Feeling good: The new mood therapy*, Nueva York, Harper Collins, 1999.

Dejar de ser nuestro peor enemigo no es un proceso fácil ni rápido, pero sí es posible y necesario como forma de evitar el autoboicot y de fomentar el autocuidado y el autorrespeto. Como señalan Álex Rovira y Francesc Miralles en su obra *El laberinto de la felicidad*: «La mayoría de los obstáculos que encontramos en nuestro camino a la felicidad son imaginarios. Los creamos nosotros; es decir, son nuestros miedos. Y ¿sabes por qué las personas nos creamos nuestros propios obstáculos? Porque nos da miedo llegar a los lugares que hemos soñado. Cumplir un sueño siempre da miedo, porque estamos acostumbrados a lidiar con las dificultades, pero no a recibir regalos de la vida».

En conclusión, las palabras son muy poderosas, para bien y para mal; pueden ser como una caricia o como un arma arrojadiza. Por tanto, es recomendable ser prudente, ya que, dependiendo del contexto y el orden, se puede transmitir uno u otro mensaje, que afectará a nuestras emociones. Para demostrar cómo el orden de las palabras puede alterar el mensaje, veamos un texto que fue viral en internet y que me llegó a través de las redes sociales. Según he podido encontrar, lo escribió una estudiante de primer grado llamada Chanie Gorkin, de Nueva York. «Hoy ha sido el peor/mejor día de mi vida» quedó finalista en un concurso literario y apareció publicado en la web de PoetryNation (<poetrynation.com>):

> *Hoy ha sido el peor día de mi vida*
> *Y no trates de convencerme de que*
> *Hay algo positivo en cada día que vivimos*
> *Porque, si te fijas,*
> *Este mundo es un lugar lleno de maldad.*

Incluso cuando
Algo bueno sale a la luz de vez en cuando,
La felicidad y la satisfacción no duran
Y no es cierto que
Todo está en la mente y en el corazón
Porque
La verdadera felicidad puede alcanzarse
Únicamente si lo que te rodea es bueno
No es cierto que lo bueno existe
Seguro que estarás de acuerdo conmigo en que
La realidad
Crea
Mi actitud
No hay nada que yo pueda controlar
Y jamás me escucharás decir que
Hoy ha sido un buen día

Muy triste. Pero si volvemos a leerlo empezando por el final, el texto se convierte en un mensaje sorprendentemente positivo:

Hoy ha sido un buen día
Y jamás me escucharás decir que
No hay nada que yo pueda controlar
Mi actitud
Crea
La realidad
Seguro que estarás de acuerdo conmigo en que
No es cierto que lo bueno existe
Únicamente si lo que te rodea es bueno

La verdadera felicidad puede alcanzarse
Porque
Todo está en la mente y en el corazón
Y no es cierto que
La felicidad y la satisfacción no duran
Algo bueno sale a la luz de vez en cuando,
Incluso cuando
Este mundo es un lugar lleno de maldad.
Porque, si te fijas,
Hay algo positivo en cada día que vivimos
Y no trates de convencerme de que
Hoy ha sido el peor día de mi vida.

CONVIVIR CON NUESTRAS DECISIONES: APRENDER A ELEGIR
SIN CAER EN LA «ATIQUIFOBIA» O EL MIEDO A FRACASAR

«Cuando tienes que elegir y no eliges, ésa es tu elección», decía el gran filósofo y psicólogo William James. Tomar decisiones es todo un arte y, aunque no siempre es fácil, todo es ponerse y practicar. Cada mañana al despertarnos dejamos atrás nuestro más profundo sueño para adentrarnos en nuestra realidad consciente y tomar decisiones. Nos pasamos el día decidiendo si hacer o no hacer, si decir o no decir, si coger un camino u otro. Algunas decisiones son emocionales y otras son racionales. Unas las tomamos de manera consciente y otras, en cambio, sin darnos cuenta, de forma automática. A veces las tomamos nosotros y a veces alguien las toma por nosotros. Casi todo lo que hacemos implica tomar una decisión; luego, comprender cómo y por qué optamos por una cosa y no por otra no sólo nos ayudará a conocernos mejor, sino también a desenvolvernos mejor en todas las áreas de nuestra vida.

Según los filósofos de la antigüedad, el ser humano toma decisiones a partir de dos sistemas que conviven entre sí y no se pueden separar: el emocional y el racional. Platón explicaba estos sistemas como un coche de caballos tirado por dos caballos, uno está domado y ha aprendido a controlarse (sistema racional) y el otro es impulsivo, salvaje e incontrolable (sistema emocional). A partir de esta idea, cabe destacar que tomar decisiones es un proceso complejo y difícil para la mayoría y que requiere práctica. Nacemos con la capacidad para aprender a tomarlas, pero no nacemos teniendo todas las respuestas a nuestras preguntas o el camino que debemos tomar ante la duda. Para ello debemos dar el paso y arriesgarnos a descubrirlo.

El primer paso para tomar una decisión es observar y recabar información para poder evaluar los resultados. Pero también es importante identificar qué nos dice la cabeza y qué nos dice el corazón. A veces ambos sistemas están en sintonía y fluimos. Pero en ocasiones nos atascamos, nos confundimos o incluso nos paralizamos al caer en un torbellino de pensamientos angustiosos propiciados por sentimientos encontrados, por temores, y nos quedamos atrapados en una espiral de dudas y pensamientos como: «¿Y si me equivoco...?», «Y si no consigo el resultado», «Estoy entre la espada y la pared, y no sé qué hacer», «¿Y si hago esto o... quizá esto otro? No hago más que dar bandazos. No quiero hacer daño, pero alguien siempre acaba perdiendo». Ante tantas dudas, los hay que opinan que uno debe evitar dejarse llevar por las emociones y decidir sólo desde el sistema racional. Sin embargo, dejarse llevar por el corazón no es algo negativo por necesidad; muchas decisiones se toman por amor, por compasión, para proteger o por ternura.

Tomar decisiones es a menudo un gran desafío. Elegir supone asumir responsabilidades y hacerse dueño del resultado. Para la mayoría celebrar los resultados deseados siempre es más fácil que asimilar los fracasos. Hay personas que, a pesar de tener claros sus objetivos, tienen tanto miedo a fracasar que se paralizan; su diálogo interno es obsesivo y demoledor. Si bien es cierto que a veces cuando fracasamos el sentimiento de seguridad en nosotros mismos disminuye o incluso se desvanece temporalmente, nuestra autoestima se vuelve frágil y la confianza en nosotros mismos se resquebraja, cabe señalar que estas reacciones emocionales son habituales. Todos experimentamos un cierto grado de inquietud o ansiedad cuando cometemos errores o fracasamos, forma parte del proceso de cualquier aprendizaje; a veces acertamos en nuestras acciones y otras no. Sin embargo, algunas personas sienten un miedo tan desproporcionado a fracasar que desarrollan «atiquifobia»: un temor exagerado e irracional a equivocarse y fracasar. En resumen, son aquellas que presentan un nivel muy alto de perfeccionismo, autoexigencia y rigidez consigo mismas, frecuentes crisis de autoestima, ataques de ansiedad, parálisis por análisis y pensamientos catastrofistas.

Las personas que han crecido en un entorno sometidas a altos niveles de presión y exigencia o que han sido evaluadas, criticadas y castigadas de forma desproporcionada son más propensas a desarrollar atiquifobia que aquellas que se han desarrollado en un entorno seguro y flexible. Las primeras aprenden que cometer errores es inaceptable, incluso despreciable: «Es una vergüenza para mí y esta familia que hayas fracasado y no hayas obtenido todo sobresaliente. Me has decepcionado. Yo en mi época no hubiera aceptado nada menos que la excelencia», le comentó un padre a su hijo cuando no obtuvo las calificaciones esperadas durante el primer año de universidad. Un mensaje demoledor para un joven estudiante de medicina que creció en lo que él denominaba: «Mi mundo de la insatisfacción permanente que me llevó a desarrollar atiquifobia».

Para algunas personas equivocarse o fracasar es una experiencia traumática al convertirse en errores acumulables; no los pueden olvidar ni perdonar. Creen que por cada error cometido proyectan una imagen de perdedor fracasado y como resultado deben pagar el precio de la vergüenza y la humillación. Como resultado, cada vez que se exponen a algún desafío o a una nueva experiencia se bloquean y tienen una crisis de ansiedad que además de afectar a su crecimiento personal, también perjudica a su productividad y su capacidad para llevar a la práctica sus aptitudes. Sin embargo, a pesar del malestar, cabe destacar que la atiquifobia se puede superar a través de la terapia cognitiva en la que se modifican las creencias irreales y exageradas que existen sobre las imperfecciones; se intentan normalizar aplicando estrategias de cambio de pensamiento e introduciendo nuevas formas de gestionar las crisis.

Tres claves para prevenir las malas decisiones y pautas básicas para tomar decisiones

A todos nos gustaría tomar siempre buenas decisiones y acertar a la primera, pero la realidad es otra y nos equivocamos. No obstante, a pesar de ello, existen algunas claves básicas que pueden contribuir a tomar buenas decisiones. El filósofo y escritor Fernando Savater apunta tres que conviene evitar: 1) dejarse llevar por el capricho, 2) la obediencia ciega y 3) hacer o imitar lo que hacen los demás sin cuestionarlo.

En primer lugar, aunque todos tenemos el deseo de darnos de vez en cuando algún que otro capricho, siempre que sea de forma excepcional no tiene por qué ser un problema. En cambio, las personas caprichosas se caracterizan por tener una baja tolerancia a la frustración, por expresar frecuentes sentimientos de derecho y por carecer de autocontrol. A menudo hacen comentarios como: «Lo quiero y lo merezco, y si no lo tengo me enfado», «Si deseo algo no me puedo resistir, debo conseguirlo en el momento», «No tolero la espera o que me digan que no. Me pongo de muy mal humor». Son personas que tienen dificultad para analizar las consecuencias de sus actos y con frecuencia son esclavas de sus deseos. En segundo lugar, las personas que toman decisiones por obediencia ciega sin tener en cuenta sus propios criterios se caracterizan por tener una actitud sumisa y en exceso dependiente, hasta incluso llegar a cometer delitos incitados por otros. Es preciso recalcar que tener la capacidad de obedecer es una cualidad positiva que implica seguir unas normas estructuradas con el objetivo de mantener el bienestar, la armonía, el orden y la coordinación de un sistema, pero siempre que sea de forma razonable, moderada, constructiva y desde el respeto. Por ejemplo, es positivo que los hijos aprendan a obedecer a sus padres y cuidadores. En cambio, la obediencia ciega se apoya en los principios de sumisión, miedo, dependencia extrema y control absoluto de la voluntad de otra persona, componentes muy característicos en las relaciones y los sistemas autoritarios, rígidos, estrictos y punitivos en exceso. En estos casos los castigos y las penalizaciones son constantes. En tercer lugar, las personas que toman decisiones guiándose sólo por lo que hacen los demás se caracterizan por carecer de identidad y personalidad propias. Imitan a los demás ciegamente, pues no tienen criterio propio. Suelen ser personas inseguras con una autoestima muy baja, evitan diferenciarse de los demás y justifican sus decisiones con comentarios como «Si todos lo hacen, pues yo también», «Yo nunca sé qué hacer, así que hago lo mismo que los demás». Son personas muy dependientes, temerosas, no han aprendido a ser autónomas y a valerse por sí mismas; tienden a autoanularse.

Tomar decisiones requiere utilizar la imaginación y construir diferentes escenarios a partir de las experiencias pasadas y nuestros propósitos. A pesar de la dificultad que esto puede suponer, he podido comprobar que cuando comprendemos nuestro propio proceso de deliberación y reconocemos con sinceridad nuestros motivos y objetivos es posible salir más victorioso de cualquier atasco mental.

Éstas son algunas pautas generales que ayudan a tomar decisiones:

- Define tu propósito y objetivos: qué quieres, por qué y para qué.
- ¿Cuál es mi dilema? Opción A versus opción B.
- Reúne información: céntrate en la información necesaria y disponible.
- Determina las ventajas y las desventajas, los riesgos y las posibles consecuencias tanto positivas como negativas.
- Explora, analiza y compara los posibles resultados.
- Elige la mejor opción, aquella que mejor se ajusta a tu propósito y objetivos.
- Crea un plan de acción: qué hacer, cómo, cuándo, dónde y quién.

LA INTELIGENCIA INTUITIVA: CONVIVIR CON EL SUSURRO DEL ALMA

La intuición es el susurro del alma que tiene mirada de lince y oído de delfín. Nos ayuda a ver lo invisible y a escuchar las palabras silenciosas. Su voz proviene de nuestro interior y nos habla en un idioma de sensaciones y presentimientos. «Mi intuición me dice que puedo fiarme de...», «Tengo la sensación de que no debo hacer...», «Tengo el presentimiento de que es una buena idea invertir tiempo en...» son algunos ejemplos de mensajes que a veces recibimos desde lo más profundo de nuestra mente y corazón. Lo cierto es que no es fácil encontrar soporte científico sobre las corazonadas, pero sí hay un acuerdo general en el que se asocia la intuición con el conocimiento inconsciente.

¿Qué exactamente es la intuición? Según Malcolm Gladwell, autor de *Inteligencia intuitiva*, es nuestra capacidad de pensamiento rápido para anticipar resultados, juicios y conclusiones. A pesar de que muchas de nuestras intuiciones no tienen ninguna base clara o racional, los investigadores apuntan que estas sensaciones pueden percibirse como pequeños lotes de información que se almacenan en nuestro inconsciente respecto a nuestras experiencias, recuerdos y forma de ser. Esta información conglomerada se va procesando en nuestro disco duro, el cerebro, y sin ser conscientes de que tenemos una información determinada que nos puede ayudar a tomar una decisión, la tomaremos a partir de esos pensamientos y sensaciones intuitivas.

Según explica el equipo de psicólogos y neurólogos investigadores de la intuición de las universidades de Harvard, Yale y Princeton, cuando somos niños la mayoría tomamos decisiones a partir de nuestras primeras impresiones. Sin embargo, con los años y la experiencia, aprendemos a revisar y evaluar con detenimiento antes de precipitarnos a tomar una decisión. Para demostrarlo utilizaré la famosa figura de Müller-Lyer en la que se presenta una imagen con dos líneas y pregunto al lector: si te guías por tu primera impresión, ¿qué línea consideras que es más larga? ¿La superior o la inferior?

Es muy probable que nuestra primera impresión nos diga que la línea superior es más larga que la inferior. Pero este ejercicio tiene truco. Por lo tanto, nuestro razonamiento (y experiencia) nos lleva a pensar que antes de responder a la pregunta es mejor comprobar si nuestra primera impresión es correcta o si nuestro cerebro nos está jugando una mala pasada. Si no conoces este ejercicio, probablemente se pongan en acción tus estrategias para resolver problemas. Después de reflexionar, es probable que hayas llegado a la conclusión (también por experiencia) de que la forma de comprobar si una línea es más larga que la otra es utilizar una regla o cualquier herramienta que sirva para medir la longitud. Una vez comprobado, verás que ambas líneas son exactamente iguales. «¡Oh! ¡No puede ser! Yo percibo que la línea superior es más larga», me comentan a menudo cuando presento este ejercicio, para comprobar de nuevo y confirmar que es cierto. Aun así, comentan una y otra vez que los ojos le dicen otra cosa.

La regla es una herramienta estandarizada y fiable de medición en la que podemos confiar; nos demuestra que, en efecto, ambas líneas son exactas. Nuestra primera impresión nos ha engañado, hemos caído en una trampa óptica. Pero lo más sorprendente es que, aun sabiendo la verdad y habiendo comprobado dos y tres veces el tamaño de las líneas, nuestros ojos siguen percibiendo la diferencia de tamaño. ¿Por qué? Es probable que te hayas dado cuenta de que lo que causa esta falsa impresión son las direcciones de los ángulos situados en la parte exterior de cada línea, pero a pesar de ello, habiendo identificado la razón, es muy probable que sigas percibiendo que una línea es más larga que otra. En conclusión, a veces nuestros ojos y nuestra mente distorsionan la realidad.

Este ejercicio nos demuestra que cuestionarnos nuestras primeras impresiones es una parte importante a la hora de relacionarnos con los demás y de construir creencias sobre el mundo que nos rodea. Por un lado, tomamos conciencia del entorno a partir de nuestras experiencias y de lo que nos resulta familiar, y por otro, a partir de la manera en que el cerebro identifica intuitivamente los mensajes y la información oculta o indirecta. Nuestra intuición es una herramienta muy útil al ser capaz de hacerse una composición de lugar, de avisarnos de posibles peligros y llevar a cabo decisiones y acciones sin tener demasiada información. Como destaca el premio Nobel de Economía Daniel Kahneman en su libro *Pensar rápido, pensar despacio*, «no todas las ilusiones que se nos presentan son visuales, también pueden presentarse en forma de problemas, pensamientos, sentimientos, un hecho, sobre una historia que nos han contado o una persona». Por consiguiente, cuando conocemos a una persona por primera vez es posible que en principio nos guiemos por nuestras primeras impresiones y construyamos juicios y conclusiones a partir del denominado «efecto halo», asociado a la imagen, la mirada, la forma de hablar, de gesticular, de moverse, cómo se expresa y cómo va vestida, su raza, cultura, religión o condición, etc. Sin embargo, después, poco a poco, comprobamos inconscientemente si nuestras impresiones son ciertas.

Aprender a no dejarse guiar al cien por cien por las primeras impresiones es un ejercicio que supone práctica y determinación. Aquellos que no tienen interés en comprobar si son o no ciertas sus primeras impresiones a menudo acaban perdiendo oportunidades al permanecer estancados en una idea inicial equivocada. Por ejemplo, en una ocasión conocí a un hombre de unos treinta años triste y frustrado. Comentó que tenía dificultad para relacionarse con las personas en general, apenas tenía amigos y los pocos que tenía a menudo le decían que era una persona de difícil trato, mal pensada y con una actitud negativa generalizada. Con frecuencia le comentaban: «Es difícil salir contigo y conocer gente nueva. Parece que sólo buscas los defectos en los demás. Con esa actitud difícilmente conocerás a una persona especial y tendrás pareja. Si te guías sólo por tus primeras y, por lo general, malas impresiones, no ampliarás tu círculo de amistades ni conseguirás que alguien se interese por ti. Te comportas de forma distante y fría, y a veces incluso puedes resultar antipático. Tienes un problema y deberías solucionarlo». Este hombre me comentó que después de tener varias experiencias negativas se animó a pedir ayuda para entender por qué tenía tendencia a pensar en lo negativo o lo que él denominaba «los defectos». Con el tiempo descubrió que su actitud negativa y altiva estaba influida por su entorno familiar, en el que la crítica negativa, el cotilleo y el complejo de superioridad eran frecuentes en las conversaciones familiares. Explicó que desde niño había escuchado que no se podía confiar en nadie ni desde el primer instante, que todo el mundo era falso, interesado, inculto y mediocre. Esto lo llevó a crear una barrera de protección que lo aisló y dificultó la posibilidad de conectar con otros. Pero con el tiempo y mucho esfuerzo aprendió a relacionarse de forma más positiva con los demás al no dejarse influir sólo por sus primeras impresiones. Aprendió a ser un poco más abierto, más sociable y, sobre todo, más amable en el trato. Como resultado mejoró su círculo de amistades y conoció a la mujer que después sería su pareja durante años. Aprendió que las personas que consiguen gestionar sus primeras impresiones suelen emitir menos juicios de valor, son más flexibles y tienen más facilidad para cambiar de opinión. Para ellas el acto de comprobar es aclarador y revelador. Por tanto, tienen una actitud más abierta cuando se relacionan con los demás.

¿Qué aspectos debemos tener en cuenta a la hora de evaluar nuestras impresiones? De acuerdo con los estudios de David Redish, para detectar las señales en las que basamos nuestras opiniones debemos tener en cuenta que existen dos errores típicos: falsos negativos y falsos positivos.

El falso negativo es cuando no reconocemos algo que está ahí y que sí está presente. Por ejemplo, con frecuencia es difícil reconocer la envidia de una persona del entorno laboral a no ser que lo exprese a través de un comentario o algún acto dañino. Un falso positivo es cuando percibimos la presencia de algo que en realidad no está; es una falsa percepción, una ilusión, como es confundir la actitud cordial y educada con amistad. Por lo tanto, a la hora de evaluar a otras personas a partir de nuestras primeras impresiones es importante tener en cuenta que también podemos cometer errores típicos: desde tener la impresión de que nos están engañando a no percibir conductas desleales o infieles.

Tener la capacidad para detectar objetivamente las señales sutiles y no caer en los errores típicos ayuda a desarrollar una buena intuición. Tener buena intuición es ver bien con los ojos del corazón. Quizá por eso utilizamos el término «corazonada» cuando decimos que intuimos algo. Es como si nuestro corazón tuviera una visión periférica amplia, capaz de percibir no sólo lo que tiene frente a ella, sino también lo que se encuentra en los extremos, más difícil de percibir, como la envidia, los celos o la mentira. Por tanto, podríamos decir que, al igual que la vista, las personas que tienen buena intuición tienen los ojos del corazón bien desarrollados y una visión periférica amplia, mientras que las que no tienen buena intuición poseen una visión periférica túnel y sólo perciben lo que tienen directamente frente a ellas.

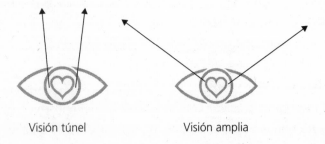

Visión túnel   Visión amplia

Según Gladwell, cuando los ojos del corazón tienen una visión periférica amplia éste percibe las señales toscas y sutiles del entorno con claridad; es como si tuvieran una vista de lince casi de 180 grados. Es similar a las personas que encuentran en un instante la mantequilla en la nevera o la aguja en el pajar. En cambio, las personas con visión túnel ven con extrema claridad todo aquello que tienen frente a ellas. Sus ojos tienen la ventaja de ser como binóculos; ven mejor a larga distancia, pero no perciben las señales del entorno periférico ni por muy cerca que se encuentren. Por lo tanto, en términos de capacidad intuitiva podríamos considerar a estas últimas como personas que no tienen buena intuición, ya que el campo de visión de su corazón está muy limitado.

Las personas con buena intuición tienen la capacidad de darse cuenta de algo, aunque no esté del todo definido, y de elaborar juicios rápidos sin tener mucha información. Pueden ver lo que es prácticamente invisible y oír el ruido en el silencio. Un ejemplo de un caso de una persona con buena intuición fue el de una mujer que me comentó en una ocasión: «Me siento un poco extraña, como si estuviese mirando a través de un cristal. Siento que mi voz interior me está diciendo algo, pero no logro oírlo con claridad. Tengo una sensación muy sutil de que mi pareja me está engañando. Pero no lo tengo claro, no hay nada evidente, es sólo un presentimiento». Aunque no todos los presentimientos son siempre acertados, en este caso la mujer descubrió a los pocos días que su intuición era correcta. Desde el momento en que decidió observar a su pareja con más atención, comenzó a detectar pequeños gestos y comportamientos que confirmaron que le estaba siendo infiel. Una vez que pudo comprobar y confirmar las pruebas, se sentó con él para hablar y tomar decisiones sobre el futuro.

CLAVES PARA CONVIVIR EN PAZ CON UNO MISMO: TENER
PROPÓSITO, FUERZA DE VOLUNTAD Y BUENOS HÁBITOS

Cuando me preguntan qué es para mí la felicidad suelo responder: vivir con serenidad y paz interior. Estar en paz es estar
en armonía con nuestro mundo interior y exterior. Es sentir
coherencia entre lo que pensamos, sentimos, hacemos y decimos; estar tranquilos con nuestras decisiones y propósitos. Es
sentir confianza tanto en lo que se intuye como en lo que percibe. Sin embargo, esto no implica vivir en un mundo perfecto, sin conflictos ni problemas. Eso sería imposible, ya que no
existe. La vida siempre se presenta con multitud de retos y
desafíos que nos escoran como a un barco de vela en alta mar.
Pero a pesar de los fuertes vientos y el gran oleaje, todos tenemos la capacidad de aprender a cuidarnos y confiar tanto en
nuestro mástil interno, que mantiene nuestro equilibrio intac-
to, como en nuestra brújula interna, que nos indica nuestra
localización y la dirección hacia nuestro propósito.

Nuestro propósito o ikigai*: la razón de ser y hacer*

Tener una razón por la que levantarse por la mañana puede
ser un sentimiento muy poderoso. Es tener una motivación y
un propósito, o lo que los japoneses llaman *ikigai*. El término
«propósito» tiene su origen del latín *propositum* y está compuesto por *pro*, que significa «hacia delante», y *positum*, que
significa «poner». Los propósitos pueden ser a corto, medio
o largo plazo, así como a nivel colectivo o individual. Mientras que los colectivos dependen de los objetivos y aspiracio-

nes comunes de un grupo, como puede ser ahorrar dinero para poder irse con la familia de vacaciones o montar una sociedad empresarial, los propósitos individuales se centran en los objetivos personales, como es mantener una buena salud, formar una familia, ganar dinero, comprar una casa, cambiar de trabajo o emprender un nuevo proyecto personal o profesional.

Las personas que tienen un propósito intentan invertir en él el mayor tiempo y energía posibles; ese propósito actúa como motivación. Los hombres y las mujeres que conocen sus motivaciones tienen la ventaja de saber qué quieren. Y aunque eso no signifique saber cómo conseguirlo, lo cierto es que tienen una parte importante cubierta. Así pues, comprender qué nos motiva, y por qué, nos proporciona conocimiento sobre quiénes somos, qué nos importa, qué deseamos y qué nos conmueve.

De acuerdo con las investigaciones del psicólogo Albert Bandura, se pueden distinguir tres tipos básicos de motivadores: los biológicos, como es alimentarse para eliminar el hambre y tener energía; los sociales, buscar reconocimiento y la aprobación de otras personas; y los cognitivos, conseguir metas propias para sentirse satisfecho. No obstante, todas están relacionadas con nuestro propósito. De manera consciente o inconsciente, todos tenemos grabados a fuego las tres preguntas más importantes: ¿Qué quiero? ¿Por qué? ¿Para qué?

El primer paso para descubrir nuestro propósito es identificar los pilares en los que se apoya. Nuestro propósito se encuentra en el centro de la combinación de los cuatro pilares que lo definen:

1) aquello que nos gusta y que amamos hacer,
2) nuestras aptitudes y talentos,
3) lo que nuestro entorno necesita y
4) el valor (económico/personal...) asociado a la actividad.

Tu propósito

La combinación equilibrada entre estos pilares indica la presencia del sentido vocacional, profesional, pasional y la misión. Por ejemplo, muchos hombres y mujeres que se dedican a la medicina o a la investigación se perciben como personas que tienen una profesión vocacional. Es decir, sienten un profundo interés por las ciencias de la salud y sienten que tienen como misión personal y profesional ayudar o curar a las personas que lo necesitan.

En conclusión, las personas que tienen un propósito personal o profesional intentan aportar valor a lo que hacen, conseguir un objetivo para sí mismas, para otros o para ambos. Sea grande o pequeña su aportación, intentarán influir en su entorno, en la vida de otras personas, dejando una huella permanente, a veces motivados por intereses positivos y otros negativos. Y para conseguirlo deberán aplicar dos grandes aliados: la fuerza de voluntad y los buenos hábitos.

La fuerza de voluntad y claves para desarrollarla

Nuestra fuerza de voluntad es el impulso que nos ayuda a llevar a cabo una tarea con el fin de cumplir con nuestros compromisos y responsabilidades. Según la psicóloga Kelly McGonigal, autora de *Autocontrol*, «La fuerza de voluntad nos ayuda a alcanzar nuestros objetivos al dominar tres poderes: lo haré, no lo haré y quiero». Explica que el ser humano vive en un conflicto interno continuo, como si nuestro cerebro tuviera dos mentes: lo que quiero y lo que debo hacer. Por un lado, tenemos la mente que busca la recompensa inmediata y se deja llevar por los impulsos «Quiero comer un dulce ahora». Por otro, tenemos la mente que controla los impulsos y se centra en conseguir los objetivos a largo plazo: «Aunque quiero comer un dulce, no lo haré para mantener el compromiso con la dieta». Por lo tanto, mientras que una parte de nosotros quiere una cosa (dulce), la otra parte quiere lo opuesto (mantener el compromiso). Como resultado, el conflicto interno es continuo, ya que cada parte intenta anular a la otra constantemente: «Quiero, pero no debo».

Nuestros deseos y propósitos a menudo están relacionados, pero existen diferencias significativas entre los diferentes tipos de deseos y sus respuestas emocionales correspondientes. Para explicarlo, José Antonio Marina y Marisa López desarrollaron una fórmula en su *Diccionario de los sentimientos* que trata de explicar los diferentes matices y las respuestas emocionales determinadas:

Deseo + comida = hambre
Deseo + bebida = sed
Deseo + esfuerzo = afán
Deseo + vehemencia = anhelo
Deseo + vehemencia + actividad para saciarlo = avidez
Deseo + vehemencia + inquietud = ansia
Deseo + esfuerzo + constancia (+ obligación) = empeño
Deseo + brevedad + sinrazón = capricho
Deseo + vehemencia + sinrazón = antojo
Deseo + sexo + desmesura = lujuria
Deseo + posesión de bienes + desmesura = codicia
Deseo + posesión de bienes + conservación + desmesura
    = avaricia
Deseo + gloria = ambición

Según McGonigal, existen cuatro claves fundamentales para desarrollar la fuerza de voluntad. En primer lugar, ayuda tener claro cuáles son sus principales aliados y enemigos. Sus mejores aliados son: la motivación, la estabilidad emocional, la actitud optimista, recibir apoyo emocional y el descanso. En cambio, sus peores enemigos son el estrés, el cansancio, la falta de sueño, el hambre, el pesimismo, el maltrato y el dolor. En segundo lugar, recomienda acometer las tareas más difíciles a primera hora del día, ya que por la mañana es cuando tenemos más capacidad para ejercer nuestra fuerza de voluntad. En tercer lugar, explica que para controlar los impulsos y no caer en la tentación, es preciso aplicar lo que denomina «pausa y reflexión». En sus palabras: «Al igual que el sistema de alarma del cerebro siempre está siguiendo lo que oyes, ves y hueles, tenemos un sistema de autoseguimiento que te indica que estás a punto de hacer algo de lo que más tarde te arrepentirás. Cuando el cerebro reconoce esta señal de advertencia, la parte de tu mente que controla los impulsos se pone en acción para ayudarte a tomar la decisión correcta». El sistema de autoseguimiento de pausa y reflexión es una respuesta para mantener la calma. Por último, en cuarto lugar, recomienda desarrollar buenos hábitos, aquellos que favorecen la motivación y el autocontrol: «Los buenos hábitos siempre, siempre, siempre son el campo de práctica de la fuerza de voluntad».

Los buenos hábitos

Según el psicólogo William James, «Toda nuestra vida, en cuanto a su forma definida, no es más que un conjunto de hábitos». ¿Qué es un hábito? Un hábito es una conducta aprendida que se repite de forma regular hasta que se vuelve automática; gracias a la repetición de esta acción se requiere poco esfuerzo al convertirse en una rutina. Por ejemplo, cuando ponemos en práctica una actividad que nos produce placer y bienestar, la información se registra en nuestro cerebro y memoria emocional, que provoca el deseo de repetirla. Así pues, cuando después de practicar ejercicio físico sentimos sus beneficios, al poco tiempo deseamos repetir el ejercicio. Al final somos seres de costumbres y hábitos; por tanto, la tendencia de la mayoría es reforzar y repetir los comportamientos que nos producen bienestar y evitar el dolor. Luego, la repetición no sólo nos lleva a perfeccionarlos con el tiempo, sino a acostumbrarnos, de tal forma que cuando queremos cambiarlos o introducir un nuevo hábito, debemos esforzarnos y aplicar nuestra fuerza de voluntad. Por consiguiente, aprender cómo funcionan nuestros hábitos nos ayudará a gestionarlos más fácilmente, a ser diligentes, pacientes e incluso llevar con mejor ánimo el proceso de integrar nuevas rutinas.

Nuestros hábitos se almacenan en nuestro cerebro y permanecen en nuestra memoria de forma permanente. Por tanto, para cambiar una rutina determinada debemos invertir mucha energía en la reprogramación de nuestro cerebro. Es decir, debemos esforzarnos mucho para reemplazar viejas conductas por otras nuevas. Para la mayoría este cambio es difícil, incluso cuando tenemos claro que el cambio nos beneficia. ¿Cuántas veces hemos abandonado una dieta saludable o el ejercicio físico? ¿Por qué nos cuesta tanto trabajo retomarlo o incorporar un nuevo hábito? De acuerdo con los neurocientíficos, nuestro cerebro busca sin cesar formas de ahorrar energía; intenta tomar el camino más fácil y que suponga menos esfuerzo, para poder dedicar su energía de manera eficaz a otras tareas.

De acuerdo con Charles Dugigg, autor de *El poder de los hábitos* y uno de los escritores más prestigiosos del *New York Times*, los hábitos forman parte de un sistema denominado «el bucle del hábito», que está compuesto sobre todo por una señal, una rutina y una recompensa. La señal es el detonante que determina una acción, como es el sonido de la alarma del reloj que nos despierta por las mañanas. Esta señal le indica a nuestro cerebro que debemos activar el piloto automático y levantarnos de la cama. A continuación, se activan las rutinas: ducharnos, desayunar, hacer gimnasia o una lista de las tareas del día. Por último, se activa la recompensa o el premio (sensación de bienestar), el factor determinante que influye en que repitamos o no la rutina en el futuro.

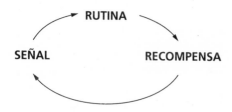

Cuando repetimos una conducta de forma constante —señal, rutina y recompensa—, ésta se convierte en un acto automático; lo ejecutamos sin pensar. Sean positivos o negativos, todos nuestros hábitos quedarán grabados en el cerebro. Sin embargo, algunos hábitos pueden ser una bendición o una maldición. La clave para convertir un hábito negativo en uno positivo es separar los componentes (señal, rutina y recompensa) e identificar nuestras propias señales que propician un comportamiento determinado o rutina con el fin de obtener una recompensa (emoción positiva). Por ejemplo, a menudo las personas que deciden dejar de fumar evitan relacionarse con amigos fumadores porque asocian fumar (rutina) a sus amigos (señal). Por tanto, para cambiar el hábito de fumar (rutina), eligen llevar a cabo una actividad que no esté asociada a fumar, como es hacer deporte (cambio de rutina); es decir, sustituyen una conducta o rutina por otra para poder evitar el impulso de fumar y tener que aplicar una gran dosis de fuerza de voluntad. Si aprendemos a observar las señales que activan nuestras rutinas y recompensas, podremos cambiar nuestros hábitos para conseguir nuestros propósitos.

6

Los virus emocionales en la convivencia: conflictos, desafíos y toxicidad

> Cuando trates con personas, recuerda que no estás tratando con criaturas lógicas, sino con criaturas emotivas, algunas llenas de prejuicios y movidas por el orgullo y la vanidad.
>
> DALE CARNEGIE,
> *Las cinco habilidades esenciales*
> *para tratar con las personas*

LOS CONFLICTOS: ASPECTOS POSITIVOS Y NEGATIVOS, TIPOS, MOTIVOS Y RESOLUCIÓN

Los conflictos forman parte de la vida y de las relaciones de convivencia. Son desencuentros y discrepancias que pueden surgir internamente con uno mismo o en un entorno físico y virtual entre dos o más personas. Cualquier tema puede ser motivo de conflicto, pero suelen aparecer a partir de las diferencias de opiniones, formas de pensar y actuar, sentimientos de rivalidad, incompatibilidad, competitividad y luchas de poderes.

Los conflictos son como una moneda de dos caras. Por un lado, pueden ser el motor de cambios positivos y el desencadenante de aprendizajes que favorecen el crecimiento personal, el pensamiento divergente y la innovación. Como dijo Cicerón, «La discusión fortalece la agudeza». Por otro lado, pueden ser el escenario de enfrentamientos destructivos, desestabilizantes y agresivos, que desencadenan en un final doloroso entre ganadores y perdedores para ser invadidos por una ola de sentimientos de culpa, rabia, rencor y deseos de venganza.

Veamos un resumen aclaratorio sobre las características positivas y negativas de los conflictos:

CONFLICTOS	
Aspectos positivos	**Aspectos negativos**
• Es motor de cambio. • Favorece la creatividad y la imaginación. • Promueve el pensamiento divergente e innovador: la búsqueda de soluciones y alternativas. • Propicia la comunicación y anima a compartir pensamientos y sentimientos. • Favorece las relaciones y la cohesión entre las personas, y contribuye a la identidad personal y grupal. • Aumenta la solidaridad entre las personas. • Promueve la motivación y la toma de iniciativa. • Mejora la calidad de tomas de decisiones y el rendimiento.	• Desestabiliza, separa y destruye las relaciones entre las personas. • Propicia insultos, faltas de respeto, agresividad y violencia. • La comunicación se deteriora: la escucha activa se reduce y se vuelve más agresiva. • La actitud se vuelve negativa, hostil, orgullosa y a la defensiva. • Surgen sentimientos de inseguridad, miedo, rechazo, estrés, frustración, ansiedad, incertidumbre. • Fomenta la lucha de poderes. • Se producen juicios erróneos y falsas percepciones. • Se percibe al otro como un enemigo. • Provoca la disminución del pensamiento creativo constructivo y de la participación.

Con independencia de que los conflictos sean funcionales o disfuncionales, lo cierto es que para la mayoría de las personas son difíciles y fatigosos, por lo que aprender a gestionarlos de manera pacífica es uno de los mayores desafíos en cualquier relación de convivencia. Según los expertos en resolución de conflictos, la clave para gestionarlos es, en primer lugar, tener claro con quién estamos teniendo el conflicto, ya que no es lo mismo estar en desacuerdo con una persona elegida, como un amigo, que con una persona desconocida. Después, conviene identificar y definir el tipo de conflicto, dado que no es lo mismo entrar en conflicto con uno mismo que con un grupo de personas. Conocer los tipos de conflictos más habituales y sus características facilitará al lector identificar y resolver los suyos:

Tipos de conflictos	Características
Intrapersonales	Con uno mismo (conflicto interno)
Interpersonales o grupales	Dos o más personas (conflicto externo)
Sociales	Motivos culturales, políticos, económicos, artísticos o gremiales y colectivos
Internacionales	Entre Estados u organizaciones
Institucionales	En instancias jurídicas
Familiares	Entre los miembros de la familia
De pareja	Entre la pareja
Laborales	Entre los miembros de un equipo u organización
Enmascarados	Se ha ocultado, no se habla ni se menciona, pero está presente

Endémicos	Es habitual, un tema frecuente, permanente y repetitivo
Específicos	Determinado y definido
Estructurales	Organización del equipo, grupo o comunidad mal diseñada
Distributivos	Distribución inadecuada, incorrecta o injusta de responsabilidades, tareas o expectativas

En mi trabajo como psicóloga observo que dos de las mayores fuentes de conflictos que existen en la convivencia, en especial desde que comenzó la pandemia a principios de 2020, están relacionados con la capacidad para adaptarse a los cambios y para compartir con otras personas, ya sea el espacio físico, responsabilidades o tareas cotidianas. Durante los meses de confinamiento más estricto he percibido que para la mayoría de las personas el mayor desafío y fuente de conflicto diario ha sido gestionar y resolver los continuos problemas de logística, muchos sin precedentes, asociados al cuidado de los hijos y familiares enfermos y dependientes, y el teletrabajo. En cambio, a nivel emocional el gran desafío ha sido manejar los sentimientos constantes de incertidumbre, estrés y miedo. No sólo he percibido un aumento en la frecuencia de conflictos entre convivientes causados por el desgaste emocional y la falta de descanso, sobre todo entre familiares, sino también un incremento en trastornos de ansiedad, depresión, abuso de sustancias y el síndrome de fatiga pandémica. Existe un acuerdo general en que la pandemia ha afectado a todos los pilares de nuestra forma de vida y, además, ha perjudicado y desestabilizado emocionalmente, en mayor o menor grado, a la población en general, con independencia de la edad, el sexo y la cultura. Como resultado, muchos nos hemos hecho más conscientes de nuestra vulnerabilidad y de que todos compartimos la responsabilidad de contribuir al cuidado de nuestro estado de bienestar general.

Sin embargo, aparte de la situación pandémica, cabe recordar que los conflictos forman parte de la vida y de las relaciones de convivencia con nuestros elegidos y no elegidos; por tanto, identificar los motivos de conflictos más frecuentes en la vida cotidiana nos ayudará a resolverlos. Tener conciencia de los motivos de conflicto más frecuentes y candentes en las relaciones de convivencia ayudará a su resolución:

MOTIVOS DE CONFLICTOS MÁS HABITUALES EN LA CONVIVENCIA

- Espacio (tamaño, territorio personal)
- Tiempo (demandas, exigencias por exceso o falta)
- Falta de comunicación (no hablar, hablar demasiado, hablar dando órdenes, chantaje emocional, manipulación verbal, malentendidos, sarcasmo, ironía, exceso de sinceridad, «sincericidas»)
- Falta de respeto, conductas invasivas, coger y hacer sin pedir permiso
- Falta de atención (ignorar, no atender, tener una actitud indiferente)
- Actitud sobreprotectora, inquisitiva y controladora
- Expectativas no cumplidas (desilusión, decepción, indiferencia)
- Competitividad
- Romper una promesa, desvelar un secreto o romper la confidencialidad y la confianza

- Sentimientos de insatisfacción, frustración, ansiedad, mal humor, irritabilidad, culpa, abandono, negligencia, desamor, engaño, traición, miedo, confusión y dudas
- Falta de consideración, sensibilidad y empatía
- Conductas agresivas, ofensivas y violentas
- Las quejas constantes y actitud quejica
- La mentira y el engaño
- Falta de compromiso o no cumplimiento
- Falta de responsabilidad
- Desequilibrio en las responsabilidades y obligaciones
- Enfermedad y dependencia
- Falta de coherencia entre lo que se dice, se siente y se hace
- Falta de constancia

De acuerdo con Dale Carnegie, especialista en relaciones personales y autor de *Las cinco habilidades esenciales para tratar con las personas*, la primera regla para resolver cualquier conflicto es evitar tener una actitud infantil y asumir la responsabilidad por la parte que nos corresponde. La segunda es centrarse en el presente y en el futuro, y evitar invocar el pasado; es decir, evitar remover el pasado. En sus palabras: «No desprecies a la gente. No culpes a los otros. No intentes describirte como inocente a expensas de la otra parte. Estas tácticas sólo incrementan la autojustificación y la posición defensiva de la otra parte. Habla de tu propio comportamiento más que del de los demás. Si te impacientas, es mucho mejor decir "Voy a esperar hasta que termines de hablar" que "Cierra la boca y déjame hablar". No siempre resulta fácil mostrar este tipo de control, pero a la larga es mucho más productivo».

En conclusión, vivimos en una cultura cada vez más heterogénea, que nos exige adaptarnos a los cambios con rapidez y aprender a manejar los conflictos sin precedentes históricos, como ocurre con la aparición de miles de plataformas de redes sociales. Todos necesitamos tiempo y espacio para practicar y dejar que nuestro cerebro asimile tanta información. Antes comentaba que los conflictos forman parte intrínseca de la condición humana, sobre todo durante los momentos de adversidad. Y qué mejor ejemplo de adversidad compartida que el momento actual de crisis pandémica causado por el virus COVID-19. Una crisis en la que todos, sin excepción, hemos sido víctimas y testigos de innumerables pérdidas y experiencias traumáticas. La pandemia no sólo ha provocado una drástica transformación global en todos los sentidos, sino que ha suscitado numerosos, intensos y recurrentes conflictos de todo tipo. La pandemia ha cambiado de repente y sin que lo esperáramos, como un huracán, todos los pilares que sustentan nuestro sistema social, político, económico, jurídico y de salud. Como resultado, muchas personas se encuentran en un conflicto permanente intentando sobrevivir y afrontar el día a día, la incertidumbre permanente, el duelo no resuelto y el miedo a lo que queda por llegar. Sin embargo, a pesar de encontrarnos en una nueva etapa vital a raíz de la experiencia vivida, no olvidemos que llevamos resolviendo conflictos desde que tenemos conciencia y uso de razón; por lo tanto, podemos confiar en que tenemos los conocimientos y la experiencia histórica para resolverlos y superarlos.

La «psicosclerosis» y los virus emocionales mortales de la convivencia: las tiranías de los «debería», el chantaje emocional, el «sincericidio» y la «excusitis»

Según Daniel Goleman, las emociones se pueden contagiar como un resfriado común y, si son tan negativas como un virus, infectarán todo lo que encuentre a su paso. Pueden envenenarnos el ánimo hasta destruirlo por completo, así como destruir los vínculos emocionales más importantes. No obstante, a pesar de que convivimos rodeados de multitud de virus emocionales (envidia, miedo, ira, angustia...), la mayoría de las veces logramos que nuestro sistema inmune afectivo nos proteja.

En el campo de la medicina los virus son agentes infecciosos o microorganismos compuestos por material genético que se introducen en nuestras células para reproducirse y causan diversas enfermedades. Por tanto, a partir de la metáfora de Goleman de que convivimos con diferentes virus emocionales, podemos concluir que, si no nos protegemos ni nos cuidamos, podríamos desarrollar una «psicosclerosis», neologismo utilizado por el escritor y psiquiatra internacional Harold Bloomfield, autor de *Haciendo las paces con tu pasado*, para definir las heridas psicológicas profundas que año tras año permanecen abiertas al no cicatrizar ni curarse correctamente. Explica que las heridas emocionales traumáticas provocan cataclismos emocionales que perpetúan el sufrimiento. Por tanto, a partir de la idea de Bloomfield, podríamos identificar una gran variedad de virus emocionales que afectan a las relaciones personales, que incluyen: el virus de la crítica destructiva, del reproche, de la agresividad, la humillación o la burla. No obstante, por facilitar la lectura, en este apartado me centraré sólo en cuatro tipos de virus emocionales muy frecuentes durante las relaciones de convivencia, que considero muy infecciosos y grandes destructores de los vínculos de apego y confianza: el virus de la tiranía de los «debería», el virus del chantaje emocional, el virus del «sincericidio» y el virus de la «excusitis».

VIRUS EMOCIONALES

Tiranía de los «debería»: comunicación que parte de la recriminación y los reproches respecto a las expectativas no cumplidas. Los comentarios tiránicos producen sentimiento de culpa e indefensión, insatisfacción permanente, y provocan complejos de inferioridad e incapacidad. Ejemplos: «Deberías ser mejor...», «Hagas lo que hagas eres un desastre, deberías haber hecho...», «No deberías haber dicho, pensado, sentido...», «Yo he hecho eso por ti, ahora deberías corresponder cumpliendo mis expectativas al cien por cien».

Chantaje emocional: manipulación emocional egoísta y perversa en la que se utiliza el sentimiento de culpa como arma arrojadiza para controlar a otra persona. El objetivo es influir en las decisiones o conductas del otro en beneficio propio sin tener en cuenta sus necesidades. Ejemplos: «Si de verdad me quisieras, harías...», «Ahora me dejas solo, si me pasa algo será por tu culpa», «Si me abandonas, me quitaré la vida y tú serás responsable», «Te necesito, sin ti no sobreviviré».

«Sincericidio»: expresar verbalmente todo lo que se piensa sin poner ningún filtro y sin considerar los sentimientos del otro. Las personas «sincericidas» comunican sus opiniones sin empatía. Utilizan palabras duras y a veces crueles sin importarles el daño que puedan causar en el otro. Tienen la necesidad de dar su opinión aunque no les hayan preguntado, y no les importa ser hirientes, ya que consideran que todo vale en nombre de la sinceridad y la verdad. Ejemplo: «Te aprecio tanto que voy a ser sincero contigo aunque no me hayas preguntado. Eres un desastre y no vas a llegar a ningún lado. Has engordado y estás muy feo. Con tu forma de ser no vas a encontrar pareja nunca».

«Excusitis»: se la considera la enfermedad de los fracasos porque excusa o justifica el no cumplimiento con un compromiso por apatía, pereza, falta de responsabilidad o consideración, y falta de fuerza de voluntad. Las personas con «excusitis» tienden a excusarse con frecuencia de sus actos de procrastinación (postergan sus obligaciones y tareas) y rompen su palabra con facilidad. A menudo utilizan la excusa del «pero»: «Sé que me comprometí, pero...», culpabilizan a otros de sus fracasos y no asumen la responsabilidad de sus errores. «Yo hubiera ido, pero por culpa de... no pude ir».

Un entorno dañino a menudo suele estar lleno de ruidos, gritos y comentarios dañinos. Sin embargo, también se puede castigar a otros con el silencio. De acuerdo con los estudios de la psicóloga Ellen Sullins, cuando dos personas riñen y dejan de hablarse esta reacción no sólo tiene un efecto negativo en la relación, sino que contagia al entorno de negatividad y malestar. Este silencio puede surgir por diferentes motivos: por castigar al otro o por evitar decir algo de lo que después uno se pueda arrepentir. Por consiguiente, a pesar de que todos podemos ser tóxicos en un momento dado, es imperativo saber distinguir entre un conflicto momentáneo por un desacuerdo y una dinámica perversa con intenciones destructivas y demoledoras.

«Las discusiones con mis padres son agotadoras, en especial con mi madre —me comentaba una joven estudiante que convivía en el hogar familiar mientras estudiaba la carrera universitaria—. Cuando mi padre se enfada conmigo, es desagradable, pero es firme y me habla sin gritos ni insultos. Cuando discutimos me deja hablar, incluso escucha mi punto de vista y llegamos a un acuerdo. No me siento humillada. En cambio, mi madre es otro mundo. Cuando ella se enfada, me grita, me insulta, me llama inútil, me dice que soy un desastre. Me define como "la mochila de ladrillos de su vida". Después me retira la palabra y la mirada durante días. Me ignora y me hace el vacío hasta límites insospechados en los que siento que literalmente ha dejado de quererme y percibo que se arrepiente de haberme tenido como hija. No puedo esperar a terminar mis estudios para marcharme de casa y alejarme de ella. He intentado hablar con ella. He hablado con mi padre sobre esta situación. Pero creo que no tiene solución. Cuando me marche de casa pondré distancia y estoy segura de que sentiré alivio y paz, la relación con mi madre mejorará al no tener que vivir bajo el mismo techo».

Es probable que muchos estemos de acuerdo con la idea de que desarrollar una vacuna para luchar contra los virus emocionales es esencial para sobrevivir y superar el dolor que nos producen algunas relaciones tóxicas. Por tanto, propongo seguir la metodología básica de los virólogos especialistas en crear vacunas, que incluye como primer paso explorar e identificar el entorno de habitabilidad y supervivencia del virus, así como los agentes contagiosos. Por ejemplo, mientras que el virus del resfriado común sobrevive en las células, los virus emocionales sobreviven en la mente y se retroalimentan en pensamientos recurrentes negativos. Luego, en un entorno familiar o laboral, ¿quién puede ser el agente contagioso? La respuesta es cualquier persona tóxica invadida por la envidia, los celos o la rabia.

Vivir y convivir en un entorno tóxico es una de las peores pesadillas que podemos experimentar estando despiertos. Como un virus mortal, no sólo afecta a nuestro estado de ánimo y autoestima, sino también al funcionamiento de nuestro organismo, desde nuestro circuito cerebral hasta nuestro sistema inmune, elevando los niveles de cortisol, la hormona del estrés, a cifras alarmantes. Cuando convivimos con una persona tóxica que intenta manipularnos a través del chantaje emocional, los reproches y las críticas en cascada, nuestro cuerpo y mente se infectan de estrés, ansiedad y miedo, hasta enfermar. Así pues, preguntarnos qué podemos hacer y cuál es el mejor tratamiento es clave para poder activar nuestro sistema inmune emocional, que se apoya en nuestra capacidad para resolver los conflictos al activar la actitud proactiva y asertiva con el fin de protegernos de los agentes tóxicos. La clave para nuestra recuperación es identificar la fuente de toxicidad, llamarla por su nombre, poner límites o distancia física, hablar de ello, pedir ayuda y aplicar todas las estrategias de autocuidado posibles. No olvidemos que la vacuna para luchar contra los virus emocionales está en la ayuda exterior de personas de confianza y en nuestro interior, donde residen nuestras fortalezas y capacidad para protegernos. Sin lugar a dudas, vacunarse es siempre la mejor solución.

La actitud controladora y posesiva: el sentimiento de derecho

El ser humano, además de ser social y emocional, es también territorial. Nuestra sociedad está estructurada de forma que marcamos territorio y construimos muros visibles e invisibles que delimitan la entrada, el uso o el trato de nuestro espacio y posesiones; tenemos el instinto básico de proteger lo que consideramos nuestro. Estas fronteras favorecen las relaciones personales y previenen los conflictos porque contribuyen a mantener el orden, dar sentido y determinar la estructura de un sistema de personas. Pero, por otro lado, también pueden ser el motivo principal de un conflicto originado por desacuerdos logísticos y de gestión que provocan luchas de poder y sentimientos de derecho.

La teoría del derecho de propiedad sostiene que el derecho de una persona sobre una cosa implica que ésta puede utilizarla para un fin específico, como es satisfacer o cubrir una necesidad; por ejemplo, un coche para ir a trabajar. El propietario es dueño del servicio, la valía y el precio de esa cosa, por lo que tiene el derecho a gestionarla, consumirla o venderla. Se considera una relación moral y legal social entre las personas en la que uno tiene derecho a dar uso a su posesión y los demás tienen la obligación moral de respetarlo. Otro ejemplo: si tengo un piso en propiedad, tengo el derecho a vivir en él, así como la exclusividad de ponerlo en venta. La exclusividad es uno de los atributos más valorados en nuestra sociedad, ya que implica tener la prioridad de uso o trato respecto a un objeto o persona, pero también al reconocimiento social. Sirva de ejemplo el caso del teórico economista Walras, quien entre 1896 y 1898 desarrolló un prototipo teórico de la sociedad ideal con fundamentos económicos y políticos transformadores. En 1905, después de defender públicamente su propuesta teórica, sostuvo en sus múltiples discursos que ésta contribuía de forma excepcional al progreso de la humanidad;

por lo tanto, en sus declaraciones comentó que merecía como reconocimiento el Premio Nobel de la Paz. Sin embargo, a pesar de que tanto sus colegas de profesión como el tribunal del Nobel valoraban su trabajo, no compartían con Walras su opinión, y se lo negaron. Esta respuesta no convenció a Walras y durante los años posteriores, hasta su muerte en 1910, luchó por lo que consideraba que era justo y su derecho, recibir el Premio Nobel. Pero al final nunca se lo otorgaron. Como resultado vivió los últimos años de su vida frustrado y con la sensación de que no se le había concedido el reconocimiento que sentía que merecía.

En la mayoría de las relaciones de convivencia con nuestros elegidos y no elegidos existe y está muy presente el sentimiento de derecho; la posesividad y la territorialidad son elementos muy significantes. Por ejemplo, en el ámbito familiar y laboral suele establecerse un acuerdo de propiedad territorial y derecho de admisión respecto a determinados espacios como son nuestro dormitorio o nuestra mesa de despacho. Con frecuencia escuchamos comentarios asociados a la territorialidad como «Ésa es mi silla» o «Ése es mi sitio». Sin embargo, en la convivencia también existen espacios comunes y compartidos, como la sala de estar o el cuarto de baño: dependiendo de quién lo esté utilizando, la prioridad de uso y el derecho territorial varían y quien los ocupe es su dueño temporal. Así pues, cuando utilizamos el cuarto de baño tenemos el completo derecho a cerrar la puerta y cuidar de nuestra intimidad; es un momento en que uno espera que lo respeten. En cambio, en el entorno familiar suele ser un espacio que a menudo es motivo de conflicto, sobre todo cuando está asociado a la tardanza de su ocupante temporal.

El sentimiento de propiedad y de derecho no se aplica únicamente a espacios u objetos. Hay personas que consideran que tienen derecho de prioridad, propiedad y exclusividad respecto a otras personas. Con frecuencia se observa en algunas relaciones entre padres e hijos, en la pareja o entre los miembros de un equipo de trabajo. Como explica el psicólogo Van Sommers: «A partir del tipo de apego existente y la percepción del propio derecho, también puede existir un sentimiento de derecho de la propiedad y de uso exclusivo sobre otras personas». Esta idea me hace recordar el caso de la pareja en la que él, de treinta años y profesional exitoso del ámbito de las finanzas, exigía a su novia, una mujer también de treinta años y alta directiva de una empresa multinacional, que le comunicara a través de mensajes y fotos del móvil (fecha de la foto incluida) con quién y dónde se encontraba durante las horas laborales y los días de descanso. Su actitud controladora y atosigadora convirtió lo que había empezado siendo una relación estable y sana en una pesadilla para la mujer. Al hombre lo invadían los celos y, a pesar de que nunca había encontrado pruebas o hechos fundados de engaños o infidelidades, comentaba: «Sé que ella es fiel, pero siento la necesidad imperiosa de confirmarlo continuamente y a diario». Ella, al sentir que con el paso del tiempo la situación empeoraba, decidió poner fin a la relación cuando descubrió que no sólo la espiaba, sino que además le había robado las claves de seguridad de sus dispositivos electrónicos. En el momento en que ella rompió la relación, él sufrió un ataque de ansiedad y la acusó de ocultar «la verdadera razón»: la infidelidad. Al final, la inseguridad, los celos, la obsesión patológica por controlarla y su sentimiento de derecho de propiedad sobre ella terminó por destruir lo que él definía como la relación más importante de su vida; aun así, justificaba su conducta diciendo: «Crecí en un hogar donde mis padres sabían exactamente qué hacía y con quién estaba cada uno; por tanto, no entiendo por qué mis parejas no quieren compartir qué hacen y dónde están. Para mí es lo que debe ser. Para mí es una muestra de amor verdadero». Durante las sesiones de terapia de pareja ella hizo hincapié en que controlar no es amar y comentó: «No sé cómo he podido aguantar esta situación durante tantos meses. Ahora lo veo todo con claridad. Durante la relación a menudo dudaba de mis sensaciones y me planteaba si de verdad era yo la que nos estaba perjudicando. Pero menos mal que por fin lo tengo claro. No era una relación de amor, sino una relación tóxica, destructiva y perversa, motivada por el poder y el control. Recuerdo los momentos en que olía y revisaba mi ropa para saber si lo estaba engañando. Ahora siento que he recuperado mi vida, mi libertad y sobre todo mi serenidad. Ahora quiero comenzar una etapa vital libre de toxicidad».

En conclusión, dar por sentado el sentimiento de derecho y dejarse llevar por él puede perjudicar a las relaciones. Mientras que es natural que todos tengamos determinadas expectativas y anticipemos resultados, como respetar el derecho de propiedad respecto a algunos espacios y objetos personales, por otro lado, si no existe respeto, moderación y racionalidad, estos derechos pueden pervertirse y convertirse en objeto de control, abuso y maltrato. Así pues, aprender a gestionar nuestras emociones y desarrollar habilidades para utilizar de manera constructiva los sentidos es fundamental para convivir de manera saludable con nuestros compañeros de vida.

El sentimiento de abandono: el abandonado y el «abandonador»

El sentimiento de abandono es una de las sensaciones de pérdida más dolorosa que existen. Las personas que han experimentado una pérdida por abandono a menudo me comentan que su herida, aunque invisible, es profunda y afecta negativamente a su sentido de seguridad, confianza y autoestima. Muchas lo describen como un sentimiento devastador y agonizante, como si les arrancaran una parte de sí mismas y dejaran una profunda sensación de vacío. La pérdida afectiva por abandono significa cosas muy diferentes para cada uno. No obstante, para la mayoría se asocia al desamor, la falta de afecto, al rechazo, al desprecio, la traición y a la soledad. Curiosamente, existe una palabra en japonés, *akeru*, asociada al abandono, que significa «agujerear, abrir, hacer un espacio, remover una parte o todo de algo, terminar, expirar, dar la vuelta, vaciar o iniciar un nuevo periodo después de un acontecimiento». Por tanto, podríamos decir que cuando a uno lo abandonan queda con *akeru*.

El sentimiento de abandono puede surgir por muchos motivos: ruptura, desencuentros, desinterés, desamor o traición. Incluso puede darse durante la convivencia con otra persona sin que exista una ruptura o distancia física, sino por un distanciamiento emocional. Este tipo de abandono se asocia a la displicencia, indiferencia o frialdad en el trato, y a menudo tiene como resultado la pérdida de amistad, afecto y amor. Sin embargo, en mi trabajo como psicóloga he podido observar que una de las pérdidas más traumáticas es la asociada a la traición de una persona de confianza. Traicionar es defraudar, romper el compromiso de lealtad, fidelidad y amistad. Toda traición destruye la confianza, ya sea por parte de un familiar, un socio, un amigo, la pareja o un compañero de trabajo. Cuando nos sentimos traicionados experimentamos un profundo dolor emocional, hasta tal punto que la reconciliación puede ser difícil o casi imposible. La traición a menudo se asocia a la mentira y la premeditación. Como explica Daniel Goleman en su libro *Inteligencia social*:

> Mentir exige la actividad consciente e intencional de lo que denominamos «vía superior», que controla los sistemas ejecutivos que mantienen la congruencia entre nuestras palabras y nuestras acciones.

Asimismo, de acuerdo con uno de los mayores especialistas en el estudio de la mentira, Paul Ekman:

> La represión de la verdad exige tiempo y esfuerzo mental. Los mentirosos prestan más atención a la elección de sus palabras y censuran lo que dicen, desatendiendo simultáneamente su expresión facial. Cuando una persona responde a una pregunta con una mentira, su respuesta se inicia un par de segundos después que cuando es sincera. Hay un retardo debido al esfuerzo requerido para elaborar la mentira y controlar los canales emocionales y físicos a través de los cuales la verdad puede acabar desvelándose. Mentir bien exige concentración.

En una ocasión una mujer compartió conmigo una experiencia de traición: «Nunca me imaginé que la mano que me apuñaló por la espalda fuera de mi más querida amiga. Cuando lo descubrí de pronto sentí un golpe tan violento que me quedé paralizada, sobrecogida y sin respiración. En ese instante un dolor agudo me recorrió el cuerpo por completo, como si me hubieran apaleado con un garrote de hierro hecho de púas, clavos y cristales. Después, con el corazón destrozado y deshecho, sentí como si me pasara una apisonadora por encima. Con el alma medio muerta me preguntaba en susurros: "¿Qué ha pasado? ¿Cómo puede ser posible? ¿Cómo ha podido ocurrir? ¿Cómo no lo he visto venir? ¿He hecho algo para que esto me haya sucedido? ¿Soy culpable?"... Me cuesta creerlo y aceptarlo. No sé si podré superar esto». La mujer, sin tener la más mínima sospecha, descubrió por sorpresa a su marido y a su íntima amiga teniendo relaciones sexuales en su casa: «Me los encontré en nuestra cama, en la que había dormido los últimos seis años con él, donde habíamos hecho el amor, compartido nuestras intimidades y proyectos de futuro. Era la cama de la que me había levantado esa misma mañana para ir a trabajar. La cama en la que me encontré a mi íntima amiga de la infancia acostándose con mi marido. Lo descubrí porque por suerte o desgracia tuve que volver a casa a por unos documentos que se me habían olvidado para una presentación de trabajo. Ese día se convirtió en el peor día de mi vida. Una pesadilla de la que no me podía despertar por más que lo intentara. Ése fue el momento, el punto de inflexión que creó un antes y un después en mi capacidad para confiar. A partir de este momento de mi vida mi capacidad para confiar se resquebrajó hasta provocarme una crisis emocional que me llevó meses superar».

¿Quién no se ha sentido, en mayor o menor grado, traicionado en alguna ocasión? Si miramos nuestro pasado, es muy probable que podamos identificar una o varias situaciones en las que nos hayamos sentido traicionados por alguien de nuestro entorno. Sea quien sea quien nos engañó, nos manipuló o robó, al traicionarnos destruyó todo vínculo de afecto y confianza. Para la mayoría el sentimiento de traición es desolador y una de las peores experiencias de abandono que podamos vivir. Superar una traición no es fácil. Supone un gran esfuerzo emocional y mental, así como tiempo para sanar las heridas y aceptar la nueva situación. Es un proceso de duelo complejo que con frecuencia requiere apoyo externo para sobrellevar el sufrimiento y el remolino de pensamientos recurrentes y obsesivos. Y a pesar de que al final se logre pasar página y soltar el dolor, ante un abandono o traición siempre permanecerá una cicatriz en la memoria del corazón.

¿Quién es el que abandona o el «abandonador»?

De acuerdo con los estudios de Susan Anderson sobre los procesos de recuperación tras un abandono, las personas que abandonan, o lo que ella denomina «abandonadores», pueden ser muy diversas; hombres y mujeres de casi todas las edades, sectores, culturas y sociedades. Lo cierto es que todos podemos provocar en algún momento sentimientos de abandono en otra persona. A partir de la idea de que las relaciones son complejas, unas veces podemos ser los abandonadores y otras veces podemos ser los abandonados.

Según Anderson, a pesar de que los abandonadores tienen mala reputación, no todos lo que rompen una relación o ponen distancia tienen la intención de abandonar y hacer daño. A veces son personas que sienten la necesidad de romper con el fin de ser coherentes si sienten desamor o, en algunos casos, por propia supervivencia. Sin embargo, Anderson apunta que existen dos tipos de abandonadores dañinos. A los primeros los denomina los «abandonadores en serie», que se caracterizan por tener rasgos narcisistas de personalidad y sentir satisfacción y orgullo al romper y dejar una estela de sufrimiento y de corazones rotos y traumatizados. En estos casos, cada abandono engrandece su ego y la sensación de triunfo. En cambio, a los segundos los denomina los «abandonadores indiferentes», que se caracterizan por su falta de empatía y actitud impasible hacia el dolor emocional de la persona a la que abandonan. Son espectadores del dolor que ellos mismos van trazando y su mayor preocupación es proteger su imagen frente a los demás. No reconocen tener responsabilidad alguna respecto al dolor causado y con frecuencia se esconden tras el escudo del: «No soy yo» o «No es culpa mía» o «No es mi problema».

Superar el sentimiento de abandono es un proceso lento que requiere tiempo y paciencia, y sobre todo mucho apoyo y amabilidad. Las personas que lo han sentido a menudo describen el dolor como estar encadenado a la pena y atrapado al desconsuelo o inmovilizado en un pozo sin salida; es sentir el sufrimiento en su estado puro. Lo cierto es que las implicaciones psicológicas que derivan del abandono incluyen sentimientos profundos de desconfianza, tristeza, ansiedad, vacío, inseguridad e incluso miedo. Y, en algunos casos, puede incluso resultar en una depresión profunda y en conductas de autosabotaje; el autoabandono. No obstante, a pesar del abatimiento, el dolor se supera y el corazón se recupera; el *akeru* se rellena.

Convivir con personas tóxicas: los enemigos de la paz interior

A lo largo de la vida existen diferentes momentos en los que de pronto descubrimos que una o varias personas de nuestro entorno más cercano son personas tóxicas. Nos minan la autoestima y desestabilizan nuestro sentido de seguridad; son los enemigos de nuestra paz interior y bienestar. Sin embargo, como hemos visto en el capítulo anterior, aunque a veces somos nosotros nuestros propios enemigos, en este apartado me centraré en las personas de nuestro entorno que perjudican nuestra salud emocional.

Aprender a detectar al enemigo externo de nuestra paz interior para recuperar la serenidad es una labor tediosa que requiere paciencia, introspección, sabiduría crítica, humildad y tener la capacidad para analizar y desmontar nuestra realidad con la mayor objetividad posible. Necesitamos ser sinceros y tener el valor de hacer frente a posibles sentimientos de inseguridad, vergüenza y orgullo; aceptar con humildad nuestra vulnerabilidad. Una vez que lo identificamos a menudo nos lleva a darle muchas vueltas a la cabeza e incluso a obsesionarnos. Como un torrencial tempestuoso los pensamientos nos inundan de preguntas sin respuestas, como, ¿por qué?, ¿cómo puede ser?, ¿cómo he llegado hasta aquí?, ¿qué he hecho yo?, etc., y con frecuencia la ansiedad nos invade el cuerpo como a un ratón de laboratorio que corre sin parar de un lado para otro buscando la salida.

Cuando identificamos a una persona tóxica a menudo el primer instinto nos lleva a confrontarla directamente o incluso a contraatacar con la misma agresividad con la que nos sentimos agredidos, como responder con un reproche después de que nos hayan reprochado algo a nosotros. Sin embargo, en la mayoría de los casos esta respuesta no es la más constructiva ni beneficiosa, pues no resuelve la situación. Como dijo el sabio Sun Tzu en su obra *El arte de la guerra*: «La victoria completa se produce cuando el ejército no lucha, la ciudad no es asediada, la destrucción no se prolonga durante mucho tiempo, y en cada caso el enemigo es vencido por el empleo de la estrategia». No enfrentarse no quiere decir que nos derroten o que seamos unos cobardes, sino todo lo contrario. Nos permite no quedar atrapados en las redes del otro. Por tanto, elegir nuestras batallas y decidir con cabeza cómo vamos a gestionar la provocación o el hostigamiento del tóxico es clave para no caer en el desgaste y el deterioro anímico. En muchos casos la mejor opción es poner límites desde la calma y evitar reaccionar. En cambio, en otras ocasiones es mejor apartarse, física y emocionalmente, y dejar que pase el tiempo hasta que las aguas se calmen.

Según Sun Tzu, hay muchas formas de protegerse sin entrar en batalla. Pero la clave no está en luchar contra los propios sentimientos de rabia o ira construyendo una presa que nos lleva a estancarnos en la negatividad, sino en saber identificarlas para cambiarlas y no dejarnos atrapar por ellas. Para protegerse sin entrar en batalla ayuda tomarse un tiempo para pensar, analizar la situación desde un lugar de calma e intentar tomar una perspectiva distinta y más serena. Sólo desde aquí podremos cambiar la idea que tenemos sobre la persona tóxica y replantearnos por qué actúa de forma tan dañina. Intentar comprender sus motivos nos ayudará a reducir la sensación de poder que tiene sobre nuestras emociones y conseguiremos relacionarnos con ella desde un lugar más sano, sin dejarnos influir por su negatividad o manipulaciones emocionales. Por ejemplo, a menudo trabajo con personas que cuidan de sus padres mayores con problemas de salud y físicamente dependientes. La mayoría de los cuidadores suelen ser hijas que, además de cuidar a sus padres, deben cumplir con sus obligaciones profesionales y ocuparse de su propia familia. Son mujeres que no tienen tiempo para sí mismas, ni siquiera para descansar. Toda su energía y tiempo gira en torno a los demás. Como resultado, padecen altos niveles de estrés, ansiedad, frustración y culpa por sentirse incapaces de hacer más de lo que hacen. «Ya no sé qué más puedo hacer, no puedo dar más de mí», me comentan con tristeza y frustración. «Hago todo lo que puedo, pero para mi madre/padre no es suficiente, para mi familia tampoco es suficiente. Siempre hay algún momento en que alguno me hace chantaje emocional, me dice que no soy una buena hija por no irme a vivir con ellos y por "abandonarlos" con un cuidador profesional. Mi madre me ha llegado a decir que si lo llega a saber no habría tenido hijos para esto, que soy una mala hija y que como mujer debería hacerme cargo de ella llevándola a vivir conmigo. Siento mucha tristeza ya que en ningún momento se pone en mi lugar ni piensa en que yo también tengo una familia que atender. Me produce una ansiedad terrible y un sentimiento de culpa tan intenso que a veces dudo de mí misma y me pregunto: ¿tendrá razón?, ¿estaré siendo una mala hija? Sin embargo, con el tiempo y con ayuda, he podido comprender y aceptar que mis padres son de otra generación, que sufren dolor físico y tienen miedo. Llego a la conclusión de que su sentimiento de vulnerabilidad les impide empatizar conmigo. Y a pesar del daño que a veces me producen sus palabras y su incapacidad de valorar mi esfuerzo, al final entiendo que es posible que el miedo a la dependencia los convierta en personas negativas y tóxicas. Antes no era así. Ambos eran personas fuertes, independientes y positivas. Pero es posible que el miedo los haya transformado. Por tanto, he aprendido que debo cuidarme para poder cuidarlos. Debo evitar dejarme llevar por la rabia y la ira que a veces me provocan, aunque a veces sea inevitable».

Para recuperarnos del daño provocado por una persona tóxica es esencial tratar con amabilidad nuestro propio dolor; aplicar la empatía hacia uno mismo. Así podremos apaciguar la intensidad de nuestro sufrimiento y los recuerdos dolorosos grabados en nuestra memoria emocional. Para superar el dolor provocado por una persona tóxica ayuda hacer el esfuerzo por intentar entender el sufrimiento del otro, pero sin dejarnos pisotear ni ser pasivos. Aunque lo más fácil es reprochar después de que nos hayan reprochado algo o gritar cuando nos gritan, al comprender su dolor su poder sobre nuestras emociones disminuye. Sin embargo, cabe destacar que hacer un ejercicio de autocrítica también puede ayudarnos a comprender si de alguna forma hemos podido contribuir directa o indirectamente a la toxicidad. No somos perfectos y es posible que a veces seamos nosotros los que herimos y contribuimos al dolor; aceptarlo con humildad y pedir disculpas también nos puede ayudar a convertir la situación tóxica en una situación tónica y más positiva.

Las relaciones tóxicas son siempre una fuente de desasosiego y preocupación. Sin embargo, no olvidemos que a veces el malestar es más o menos intenso a partir del grado de importancia que le otorgamos. Es decir, cuanta más importancia le demos, más nos afectará. Como dijo Marco Aurelio en su obra *Meditaciones*: «Si te sientes dolido por las cosas externas, no son éstas las que te molestan, sino el juicio de valor que haces con ellas. Está en tu poder cambiar ese juicio ahora mismo». Por tanto, a la hora de evaluar cualquier situación tóxica, ya sea con uno mismo o con otros, nos ayudará relativizar y no creer todo lo que nos dicen ni todo lo que sentimos, ya que a veces podemos caer en un pozo de emociones intensas y desproporcionadas que desdibujan la realidad creando recuerdos y emociones falsos, lo que a menudo denomino *fake feelings*. Por lo tanto, es importante aprender a no tomarnos al pie de la letra todo lo que nos dicen o nos decimos. Es decir, necesitamos protegernos tanto de los *fake feelings* como de las noticias falsas o *fake news*, que, por desgracia, forman parte de nuestra vida cotidiana.

Convivir con las *fake news*: aprender a gestionar la información falsa

El ser humano es confiado, estamos predispuestos genéticamente a confiar en los demás. La ciencia ha demostrado que la mayoría de las personas tienden a confiar en aquellas a las que están acostumbradas a ver, escuchar o con las que se relacionan, aquellas que con las que tienen un trato frecuente y con las que se han familiarizado. Lo cierto es que la mayoría podemos llegar a ser bastante crédulos e influenciables en nuestras relaciones. Sin comprobar si la información es cierta o no, a veces nos creemos lo que nos dicen por el simple hecho de que conocemos a la persona que hace el comentario o nos es familiar. Por esta razón es tan fácil crear bulos y rumores, y caer en las garras de personas manipuladoras que desinforman creando *fake news*, un término anglosajón ampliamente utilizado en los últimos tiempos para hacer referencia a las noticias falsas. Para comprender cómo funciona esta forma de manipulación de la información masiva tan presente en nuestra vida diaria nos ayudará analizar cómo procesamos la información que recibimos.

Las investigaciones de la psicóloga Eryn Newman, de la Universidad del Sur de California, sobre cómo funcionan la credibilidad, la desinformación y la manipulación de la información en la sociedad indican que las personas procesamos las noticias desde tres puntos de vista:

1) Desde la incredulidad: pensamos y consideramos que no es cierta, que es errónea o falsa.
2) Desde la evidencia o a partir de pruebas existentes que podemos comprobar: aceptamos la información como verdadera.
3) Desde la decisión consciente o inconsciente: decidimos creernos la información, a pesar de que no existan evidencias claras o confirmadas. Este último caso suele asociarse a la creación de rumores, bulos y mitos urbanos.

Según Newman, tenemos un sentido de la verdad (*truthiness*) inconsciente, basado en la intuición, que a veces puede crear cierta confusión y llevarnos a cometer errores. Explica que esta sensación de verdad intuitiva surge a partir de una aparente evidencia o lo que denomina «pseudoevidencia», donde existe un deseo personal de que la información sea verdad. «Me lo creo porque quiero o porque necesito que sea verdad», con independencia de que las pruebas o los hechos no estén claros y no se hayan comprobado.

A veces nuestros pensamientos se distorsionan. Surgen grietas en nuestro sentido común y en la capacidad para pensar con lógica. Como resultado, sin darnos cuenta, caemos en una propagación de creencias que llegan a atormentarnos y obsesionarnos.

Veamos cinco mitos o leyendas urbanas más conocidos y que siguen apareciendo en las redes sociales a pesar de haberse desmentido en numerosas ocasiones:

1. Sólo utilizamos el 10 % de nuestro cerebro. Lo cierto es que utilizamos todas las áreas, aunque no sea a la vez, incluso cuando estamos durmiendo.

2. El alcohol te mantiene caliente y mata neuronas. Lo cierto es que da sensación de calor, pero la realidad es que se ha comprobado que baja la temperatura del cuerpo. Puede dañar las conexiones neuronales y causar degeneración, pero no mata.

3. Si te tragas un chicle, tardas siete años en digerirlo. Falso. Ni se pega al estómago ni tardamos más en eliminarlo que otros alimentos.

4. Escuchar a Mozart nos hace más inteligentes. Falso. Se ha comprobado en el experimento realizado en 1993 sobre la relación entre el desarrollo de la inteligencia y la música de Mozart, y no ha habido resultados positivos.

5. Las vacunas provocan autismo. Falso. Se pudo demostrar que la investigación realizada por Wakefield que hizo esta declaración, había falseado datos. Un estudio posterior con 1,3 millones de niños concluyó que esta relación era falsa. (Esta noticia ha creado muchos problemas y polémicas en el Sistema de Salud Pública de varios países).

Fuente: https://verne.elpais.com/verne/2015/05/08/articulo/1431097551_315644.html

Así como la pseudoverdad, o una aparente verdad, puede influirnos, el deseo de que algo sea cierto o falso está asociado a la denominada «ilusión de Moisés» o ilusión semántica. Ésta surge cuando pasamos por alto información relevante por no prestar atención a los detalles. Un ejemplo sería: «¿Cuántos animales de cada clase se llevó consigo Moisés en el arca?». La mayoría suele responder: «Dos de cada clase». Si prestamos atención, la clave no está en la respuesta, sino en la pregunta. El arca era de Noé, no Moisés. A veces cometemos errores por no prestar atención e interpretar mal la información recibida, dos claves esenciales para conseguir detectar las noticias falsas y evitar el ruido interior que provocan las creencias falsas.

EL RETO DE CONVIVIR CON EL RUIDO: EL NO ELEGIDO QUE VIBRA Y RETUMBA

El ruido, otro de nuestros compañeros de convivencia no elegidos que forma parte de nuestro día a día. Es como la sombra que nos acompaña dondequiera que vayamos. Siempre está presente. El ruido puede ser positivo o negativo dependiendo del tipo; a veces nos agrada y nos hace compañía, pero otras nos resulta insufrible y desesperante. En ocasiones deseamos tenerlo cerca y en otras necesitamos imperiosamente romper con él y sacarlo de nuestra vida. Podemos tener una relación de amor y odio con el ruido, pero de lo que no cabe duda es de que la vida vibra y produce ruido, incluso en el lugar más silencioso.

Según la Organización Mundial de la Salud, los niveles de

ruido medioambientales de nuestra vida cotidiana son más altos de lo recomendable. Apunta que nuestro aislamiento acústico es bastante bajo, lo que perjudica tanto a la salud como a la convivencia con los demás. En la actualidad tenemos una relación pobre con el silencio, prácticamente inexistente. Nuestra vida es ruidosa, está repleta de imágenes y con un exceso de información real y falsa. Estamos sobrealimentados de verborrea y discursos, de ruidos incesantes que colman cada espacio y momento. Vivimos en un mundo en el que resulta difícil coexistir libre de ruidos, ya sean provocados por nuestros compañeros de convivencia o por nosotros mismos.

En la actualidad vivimos bombardeados por el ruido. Estemos donde estemos siempre existe algún tipo de ruido que nos atrapa a nivel interno en forma de pensamiento, recuerdos, dudas, preocupaciones, pensamientos recurrentes y obsesivos..., y a nivel externo desde el sonido más tenue, como un susurro, hasta los golpes más ensordecedores, como los gritos. Encontrar el silencio puro es un reto casi imposible. Sin embargo, mientras que para algunas personas es un objetivo prioritario («El silencio es el único amigo que jamás te traiciona», dijo el gran Confucio), otros necesitan el ruido. Hay personas que sufren lo que Raimon Panikkar denomina en su libro *El silencio del Buddha* como «sigefobia», miedo irracional al silencio, considerado un trastorno asociado al mundo moderno.

Aprender a hacer oídos sordos a los ruidos internos y externos es muy útil y una habilidad que implica tener la capacidad de concentrarse en algo con el fin de desconectar o enmascarar un ruido determinado; es saber encontrar el silencio en el ruido. Saber encontrar el silencio produce calma. Esto no quiere decir vivir con ausencia de ruido, sino saber conquistar la serenidad y la paz interior a pesar de él. Como señala Eckhart Tolle en su libro *El silencio habla*, «cuando pierdes el contacto con tu silencio interior, te pierdes de ti mismo y la capacidad para escucharte, saber qué sientes, necesitas y deseas. Así como existe el ruido externo, también convivimos con nuestro ruido interno, aquellos pensamientos, preocupaciones, sentimientos que hacen desaparecer la serenidad y el sosiego». Por lo tanto, buscar momentos de silencio es una forma de cuidar el cuerpo y la mente.

En el mundo actual, aprender a convivir con el ruido interno puede ser un gran desafío. Para algunas personas se convierte en una tortura psicológica cuando permanecen atrapadas en las garras del abismo de la incertidumbre; un ruido mental agonizante. En cambio, otras se convierten en adictas al ruido para gestionar sentimientos inquietantes como el aburrimiento, la envidia o la insatisfacción permanente. A menudo son personas que hacen ruido infundiendo rumores o alimentando el cotilleo; contagiar el malestar es su forma de convivir con el ruido interior de infelicidad. No obstante, como psicóloga he podido observar que estos destructores de la armonía y la serenidad a menudo acaban por tener como único compañero el ruido de la soledad. Al final, el continuo menosprecio, el desdén y la actitud perversa siembran sentimientos de malestar y rechazo en los demás, y se quedan solos con su propio ronroneo mental.

Aprender a interpretar los silencios durante la convivencia es clave, ya que cada silencio puede tener distintos significados dependiendo del contexto. En un contexto positivo en el que fluye la conversación, se encuentra el silencio de aquel que escucha con la serenidad del silencio pacífico; en cambio, en un contexto conflictivo se puede encontrar el silencio del resentimiento y el rencor. Utilizamos los silencios de muchas formas y por diferentes motivos, ya sea por prudencia o consideración («el sabio calla, el ignorante grita»), pero a menudo nos apoyamos en ellos para transmitir sentimientos de aprobación o para mostrar enfado.

En conclusión, está científicamente comprobado que es casi imposible eliminar el ruido en su totalidad; sin embargo, sí podemos reducirlo. Para bien o para mal, la vida es ruidosa y todos hacemos más o menos ruido, hasta al respirar. Así que sentir y hacer un mínimo de ruido siempre es buena señal, es un indicador de que estamos vivos. Por lo tanto, aprender el arte de convivir con el ruido es necesario para convivir de manera saludable. Tanto el ruido como el silencio pueden ser buenos aliados y acompañantes siempre que los invitemos con gusto a formar parte de nuestra vida. Si bien a veces el ruido aparece musicalmente e incita a cantar y a bailar con nuestros compañeros de convivencia, el silencio ayuda a no decir algo que después no podemos desdecir y de lo que nos arrepentimos. Ante cualquier duda sobre si hacer o no hacer, decir o no decir, es recomendable preguntarle al silencio, ya que suele tener buenas respuestas. Como dijo Adam Ford en su libro *En busca del silencio*: «El placer del silencio tiene que ser una de las experiencias más democráticas que existen: está a disposición de cualquiera en este mundo ruidoso, ya sea joven o viejo, rico o pobre, religioso o laico. El silencio siempre está ahí, rondándonos calladamente, en la trastienda de nuestra vida, esperando a que lo disfrutemos. Puede servir de consuelo en momentos de ansiedad y ayudarnos a regenerar el espíritu; también puede ser fuente de una gran energía creativa, como han descubierto artistas y escritores de todos los tiempos».

7

Emociones y valores
que nos unen o distancian

La única forma de aprender a amar es siendo amado. La única forma de aprender a odiar es siendo odiado. Esto ni es fantasía ni teoría, simplemente es un hecho comprobable. Recordemos siempre que la humanidad no es una herencia, sino un triunfo. Nuestra verdadera herencia es la propia capacidad para hacernos y formarnos a nosotros mismos, no como las criaturas del destino, sino como a sus forjadores.

Ashley Montagu,
La agresión humana

La era de las emociones y la inteligencia emocional: «Siento, luego existo»

Existe un acuerdo general en cuanto a que vivimos en la era digital y de las nuevas tecnologías, pero considero que también podríamos decir que nos encontramos en la era de las emociones. En ningún otro momento de la historia nuestras emociones han tenido tanto protagonismo. Están presentes en cada conversación entre amigos y son palpables entre desconocidos. Se habla de ellas constantemente en los medios de comunicación, en las redes sociales, en las películas, y no digamos en los múltiples libros de divulgación científica que las describen en detalle y nos aconsejan cómo manejarlas. Por tanto, hagámosle un guiño a la frase de Descartes, «Pienso, luego existo», y adaptémosla a nuestros tiempos con un «Siento, luego existo».

En la actualidad, hablar de nuestras emociones es algo que se fomenta tanto en los niños como en los adultos. Ser conscientes de nuestra inteligencia emocional se ha convertido casi en un deber. De hecho, cada día son más los colegios que incluyen en su programa académico cursos sobre inteligencia emocional. El objetivo es ayudar a los pequeños a comprender conceptos como la autoestima y las habilidades sociales para relacionarse mejor con los demás y que puedan afrontar los retos y las adversidades que inevitablemente les deparará la vida. Las emociones tienen un papel protagonista en las relaciones, influyen en nuestras decisiones y, con frecuencia, definen nuestros objetivos vitales. Por esta razón, desarrollar la inteligencia emocional es un ingrediente imprescindible de convivencia. Como dijo Maya Angelou en una entrevista publicada en *Readers Digest*: «He aprendido que las personas se olvidan de lo que dices, también se olvidan de lo que haces, pero nunca se olvidan de cómo les haces sentir».

Una pincelada sobre los conceptos básicos de las emociones y la inteligencia emocional

Las emociones forman parte de nuestra naturaleza y nos acompañan desde que nacemos hasta nuestro último suspiro.

Sean positivas o negativas, pueden surgir y permanecer con nosotros para siempre o pueden aparecer y desaparecer acariciándonos como una suave brisa. Por tanto, identificarlas, entenderlas y gestionarlas nos ayuda a conocernos, comprendernos y construir relaciones positivas.

De acuerdo con Daniel Goleman, la inteligencia emocional se define como «la capacidad para reconocer nuestros propios sentimientos y los de otras personas, de motivarnos y de gestionar adecuadamente nuestras emociones y las relaciones con los demás». Aprender a identificar nuestras emociones nos ayuda a afrontar los desafíos y a desarrollar estrategias de afrontamiento desde la confianza. En cambio, cuando tenemos dificultad para ello, el proceso de resolver conflictos, identificar a una persona tóxica o tomar decisiones se hace muy difícil; encontrar soluciones y poner remedio es casi imposible si no sabemos qué sentimos. Como resultado, el diálogo interno se convierte en una pesadilla como un laberinto sin principio ni final. Por lo tanto, tener conciencia emocional, es decir, saber qué siento y por qué, es esencial para convivir de forma saludable con los demás y con nosotros mismos.

Emociones universales

Nuestras emociones pueden tener distintos grados de intensidad y surgir a partir de determinados pensamientos, sonidos, olores o recuerdos. Las investigaciones señalan que se han podido identificar unas doscientas emociones diferentes. No obstante, todas parten de las denominadas «emociones universales», aquellas que se consideran primarias y que compartimos todos los seres humanos, con independencia de la edad, el sexo y la cultura. En el campo científico existe un acuerdo general en dividir las emociones universales en cinco: la alegría, la ira, el miedo, la tristeza y el asco. Sin embargo, en las últimas décadas numerosos investigadores han propuesto incluir también la sorpresa y la vergüenza como parte de las emociones primarias y universales.

En el siguiente cuadro se presentan las emociones universales y sus sentimientos asociados:

Emociones universales	Sentimientos asociados
Alegría	Felicidad, deleite, gozo, placer, bienestar, placidez, fluencia, gratificación, satisfacción, euforia, despreocupación, éxtasis, excitación, serenidad, paz, tranquilidad, confianza, sosiego
Ira	Enfado, indignación frustración, irritabilidad, hostilidad, acritud, furia, rabia, resentimiento, rencor, odio
Miedo	Aprensión, inquietud, angustia, ansiedad, preocupación, desasosiego, nerviosismo, susto, temor, terror, fobia, pánico
Tristeza	Melancolía, pena, nostalgia, desconsuelo, desesperación, soledad, desaliento, decaimiento, desmoralización, depresión
Asco	Aversión, rechazo, desdén, repulsión, desprecio, repugnancia, aborrecimiento, inquina, oposición, tirria, antipatía, aversión

Sorpresa	Asombro, pasmo, sobresalto, desconcierto, confusión, extrañeza, fascinación, embebecimiento, aturdimiento, estupefacción, admiración, aspaviento
Vergüenza	Humillación, ridiculización, pesar, desazón, retraimiento, timidez, degradación, inseguridad, encogimiento, deshonra

Siguiendo esta línea de investigación, cabe señalar que ciertos investigadores de la Universidad de Los Ángeles y de Oslo han propuesto incluir como emoción universal la denominada kama muta, una reacción emocional intrínseca al ser humano que se caracteriza por ser un sentimiento intenso y sobrecogedor a partir de una experiencia conmovedora provocada por ternura, amor o apreciación. Explorémosla juntos.

KAMA MUTA: ¿HEMOS DESCUBIERTO UNA NUEVA EMOCIÓN UNIVERSAL?

En la actualidad se pueden encontrar algunas publicaciones recientes sobre una emoción muy específica denominada kama muta. El término es de origen japonés y se define como la reacción emocional a una situación o un acto considerado conmovedor, sobrecogedor, intensamente emocionante que suele manifestarse como saltarse las lágrimas, tener un nudo en la garganta, ponerse el vello de punta, sentir escalofríos, calor en el pecho y mariposas en el estómago. Esta emoción ha despertado gran interés en el campo de la psicología a partir de su publicación en la prestigiosa revista científica *Emotion*. El estudio se realizó en diecinueve países y en quince idiomas, con 3.543 participantes, y se creó una escala llamada Kama Muta Multiplex Scale (más información en <www.kamamutalab.org>).

De acuerdo con los estudios, el kama muta es una emoción que favorece las relaciones humanas porque puede compartirse en grupo (llorar de en el cine o en un concierto), despierta sentimientos de compasión y deseo de acercamiento a otras personas y provoca una profunda conexión emocional con otros. Por ejemplo, puede surgir cuando el acto generoso de una persona nos inspira o cuando nos sentimos orgullosos de alguien. Preguntémonos: «¿Cuándo siento kama muta? ¿Qué siento? ¿Hay algo o alguien de mi entorno que me haya conmovido últimamente? ¿Quizá alguna película o pieza de música en particular?». En mi caso recuerdo haberlo sentido de manera muy intensa junto a mi hermano durante el concierto de despedida del gran compositor Ennio Morricone. En el momento en que tocaron la banda sonora de la película italiana *Cinema Paradiso* se me puso un nudo en la garganta. Es una pieza musical que me pone el vello de punta cada vez que la escucho por la belleza y armonía de su melodía. Por tanto, le pregunto, querido lector: ¿cuándo fue la última vez que lo invadió un sentimiento intenso de kama muta? Pueda o no responder a esta pregunta, le animo a que busque aquello que le emociona y le llena de sensaciones intensas de bienestar. Al fin y al cabo, son instantes únicos que nos llenan de sensaciones de ternura y pura felicidad.

LOS CINCO SENTIMIENTOS POSITIVOS BÁSICOS Y NECESARIOS PARA UNA BUENA CONVIVENCIA: AMOR, RESPETO, EMPATÍA, COMPLICIDAD Y ACEPTACIÓN

Hemos visto que somos seres sociales programados genéticamente para desarrollar vínculos de apego, compartir y convivir. Estos vínculos pueden ser seguros, inseguros o ambivalentes; aunque no existe la relación perfecta, para contribuir a una convivencia positiva es necesario fomentar los buenos afectos y el buen trato a partir de diferentes sentimientos positivos. Existen multitud de sentimientos positivos que influyen en nuestras relaciones, pero, con el fin de facilitar la lectura, me centraré en los cinco básicos que he identificado en mi trabajo como psicoterapeuta como los más importantes e influyentes en cualquier relación de convivencia.

Amor: ¿cómo mostramos aprecio, cariño y afecto?

El amor es una de las emociones más intensas y profundas que podemos sentir. Para la mayoría, es determinante en nuestros pensamientos, nuestra conducta y relaciones. Como decía el filósofo Lao Tsé: «El amor es de todas las pasiones la más fuerte, ya que ataca al mismo tiempo la cabeza, el corazón y los sentidos». El amor y los vínculos de afecto se han estudiado desde todos los puntos de vista posibles: científicos, religiosos, filosóficos y artísticos, y a pesar de existir numerosas percepciones, la mayoría están de acuerdo en que la forma en la que construimos nuestros vínculos afectivos influye de manera significativa en nuestra personalidad, las decisiones que tomamos, nuestro comportamiento y en las relaciones con los demás. Como dijo el psicólogo y escritor John Bowlby: «Los lazos de cariño definen nuestra vida desde la cuna hasta la tumba».

Todos necesitamos dar y recibir afecto, pero existen diferentes tipos de amor: fraternal, amistoso, romántico, pasional o sereno (exploraremos estos conceptos con más detalle en el capítulo 8). Buscamos sin descanso sentir el cariño de los demás, pero cada uno de nosotros lo muestra de forma diferente. Algunos somos más afectivos físicamente y lo expresamos dando besos y abrazos; en cambio, otros lo hacen a través de determinados gestos, palabras o regalos. Como dato curioso, en la antigua Roma se diferenciaban los besos en tres tipos: los amistosos o *scula*; los maternos/fraternales o *basia*, y los románticos y pasionales o *suavia*.

Los gestos afectivos pueden tener diferentes matices y aunque a veces pueden ser fuente de malentendidos, para la mayoría son gestos válidos siempre que sean auténticos, apropiados y positivos. Estos gestos incluyen hablar, estar pendiente, compartir tiempo, escuchar, mostrar empatía y el contacto físico. Animo al lector que reflexione sobre cuáles son las formas en la que expresa su cariño a los demás, así como cuáles son los gestos afectivos que le gusta recibir. Y mientras reflexiona sobre ello recomiendo tener presente las palabras del gran filósofo Jalil Gibran autor de *El Profeta*: «Cuando el amor te llame, síguelo. Aunque te lleve por senderos arduos y empinados. Y cuando extienda sus alas, déjate llevar. Aunque la espada escondida entre sus plumas te pueda herir».

Respeto

Durante los primeros años de mi carrera como psicóloga en Nueva York, uno de mis mentores me dijo lo siguiente mientras me aconsejaba sobre mi futuro como psicoterapeuta: «Como futura terapeuta serás testigo en numerosas ocasiones del papel tan importante que tiene el respeto en nuestro trabajo. Verás que será siempre el pilar esencial a la hora de comunicar, conectar y compartir. Y no pocas veces observarás que será el punto de inflexión en el que una situación tensa y difícil se convertirá en un conflicto con solución o sin solución. No olvides nunca que ante una idea podemos estar de acuerdo en no estar de acuerdo, pero siempre desde el respeto. Sin respeto las personas no tienen nada de lo que hablar ni que compartir. Es una pérdida de tiempo y energía intentar conectar o compartir con alguien que vive faltando el respeto a los demás. Así que como futura psicóloga parte de tu trabajo será hablar sobre la importancia del respeto para poder ayudar a aquellos que necesitan y quieren aprender a relacionarse mejor con las personas de su entorno. Pero sólo harás esa labor si ellos te lo piden. Nunca debes ser invasiva y tomar un papel de "profesora" sin que te lo hayan pedido. A partir de ahí también aprenderás el respeto que debes tener siempre como psicóloga y profesional de las emociones. Sin embargo, no olvides nunca que la primera regla sobre el respeto es aprender a respetarnos a nosotros mismos; debemos empezar por el autorrespeto. Si no nos respetamos, será difícil que los demás lo hagan. Así que una de las primeras lecciones de vida para todos es aprender a respetarse para poder respetar y ser respetado correctamente». Estas sabias palabras de mi apreciado mentor se me grabaron a fuego en la memoria y desde entonces siempre las tengo presentes.

¿Qué es el respeto? Respetar es reconocer y considerar el valor de algo o alguien desde un punto de vista ético y moral. Es una de las bases sobre las cuales se sustentan la ética y la moral en cualquier campo y entorno. Por tanto, es fundamental aprender a respetar todo lo que nos rodea, desde la naturaleza y el medioambiente hasta las distintas leyes civiles, ideologías y religiones, decisiones personales y estilos de vida. El respeto es el pilar principal de la convivencia y de todas nuestras relaciones personales; el ingrediente básico de la convivencia social. Consiste en aceptar la forma de ser, pensar y hacer de los demás a pesar de la diferencia de opiniones. De acuerdo con los estudios de Stephen Darwall, existen dos tipos de respeto básicos:

1. El *respeto valorativo*, asociado al reconocimiento y la admiración atribuido a partir de las virtudes, los rasgos, el carácter o los actos de determinadas personas. Por ejemplo, el deportista de élite Rafael Nadal es una persona muy respetada en su profesión en todo el mundo no sólo por sus resultados extraordinarios a lo largo de los años, su capacidad de esfuerzo, determinación y templanza, sino también por su humildad y cercanía personal.

2. El *respeto de reconocimiento*, asociado al acto de tomarse en serio la opinión, las conductas, los pensamientos y sentimientos de otra persona. Es decir, tratar de forma respetuosa la forma de vida y las ideas de los demás. En cambio, su opuesto es la humillación,

que se caracteriza por la reprobación, la burla, el acoso moral y el rechazo.

Como apunta Escámez Navas, profesor en ciencias políticas, en su artículo «Tolerancia y respeto en las sociedades modernas»:

> Desde los orígenes de las sociedades modernas, los referentes de valor se han visto cuestionados, de manera que se han producido fracturas en los grupos humanos existentes: cismas religiosos, aparición de diversas ideologías políticas y estilos de vida, reivindicación por ciertas comunidades de sus particularidades culturales. Tales fracturas han dado lugar a conflictos en cuyo contexto se han practicado diferentes formas de humillación, desde la crueldad física a la ignorancia de una identidad diferenciada. Una de las respuestas morales que han recibido estas formas de humillación ha sido la tolerancia, la cual se ha justificado de distintas maneras. Siendo muy diversas tales justificaciones, es posible establecer un catálogo de las argumentaciones elementales o razonamientos básicos a los que han apelado y siguen apelando las teorías modernas de la tolerancia como respeto.

Todos podemos faltar el respeto en un momento dado. Como seres imperfectos, a veces podemos ser hirientes o imprudentes con otros o comunicarnos con brusquedad. Puede que en ocasiones seamos inconsiderados o incluso ofensivos al compartir una opinión. A veces nos equivocamos, pero estos errores son muy diferentes a la actitud de personas que tienden a faltar el respeto con alevosía. Aquellas que disfrutan siendo irrespetuosas, hirientes y conflictivas se caracterizan por ser destructoras perversas de la estabilidad y bienestar emocional. Además de que tienden a intentar manipular y controlar a los demás, tienen una actitud ofensiva y disfrutan degradando con insultos y burlas humillantes a otros; su trato y estilo es déspota y agresivo. Como hemos explorado en capítulos anteriores, estas personas tóxicas nunca son buenas compañeras de convivencia. Su falta de empatía, educación y ética son lanzas envenenadas que tienen como propósito hacer daño, por lo que es muy recomendable hacer todo lo posible por mantenerse alejados de ellas, dado que su objetivo final es arrasar y destruir sin miramientos ni compasión. Por tanto, si se identifica alguna en la cercanía o en la lejanía, es recomendable protegerse, y si es posible mantener la distancia física, pues mejor.

De acuerdo con Escámez Navas, el respeto está vinculado a la tolerancia; a la disposición a no despreciar. Las personas respetuosas sienten la obligación moral de resistirse a intervenir en contra de los individuos o de prohibir determinadas prácticas sociales, aunque no las compartan, siempre que no se dañen o perjudiquen la integridad y los derechos humanos. Así pues, las personas tolerantes respetan y no discriminan a otras a pesar de estar en desacuerdo o de no compartir las mismas ideas. Como dijo Montaigne: «El respeto por la diversidad no sólo es un medio para el conocimiento, sino la forma de conocimiento mismo».

Para aprender a respetar a los demás es primordial que primero aprendamos a respetarnos a nosotros mismos; aplicar el autorrespeto. Cultivar el autorrespeto empieza por reconocerse como un ser imperfecto y aceptar humildemente las propias fortalezas, habilidades, debilidades y defectos.

Cuando somos fieles a nosotros mismos nos mostramos respeto. Del mismo modo que debemos ser respetuosos con la forma en la que nos comunicamos con los demás, también es necesario aplicar el respeto en nuestro diálogo interno. Como hemos visto en capítulos anteriores, es esencial tratarnos también con amabilidad y empatía.

En conclusión, cuando convivimos y compartimos con nuestros elegidos y no elegidos, buscamos que nos respeten. Cuando nos respetan, nos sentimos seguros y, como resultado, bajamos las defensas y nos mostramos auténticos. Cuando respetamos y nos respetan, los vínculos de unión se fortalecen, mientras que lo contrario nos pone a la defensiva y distantes. No olvidemos que como seres emocionales y territoriales tenemos tendencia a ser expansionistas y a querer ocupar espacio y tener razón; por lo tanto, es recomendable mantener los impulsos bajo control y tener siempre presentes las buenas formas y aplicar la buena educación.

Empatía: comprender, dar apoyo emocional y mostrar interés genuino

En el campo de la psicología, la empatía se define como «una respuesta afectiva de comprensión sobre el estado emocional de otros, que induce a sentir el estado en que se encuentra el otro». El término «empatía» es una traducción del inglés *empathy*, que Titchener tradujo en 1909 del alemán *einfühlung*, que significa «sentirse dentro de algo o alguien». A partir de que comenzara a utilizarse en el campo de la psicología, surgió un gran interés por el tema y se llevaron a cabo numerosas investigaciones con el fin de comprender mejor el papel que tiene en las relaciones personales.

La capacidad para comprender los estados emocionales de otras personas está grabada en nuestro cerebro desde el nacimiento y se desarrolla a partir de las primeras relaciones y vínculos de afecto. La empatía tiene un papel esencial y es uno de los pilares centrales de la inteligencia emocional y social, y también se considera una de las fortalezas personales más importantes. Las personas empáticas conectan emocionalmente con otras, sean o no conocidas. Tienen la capacidad para ponerse mental y emocionalmente en su lugar, así como de anticipar los sentimientos ajenos y propios. Asimismo, incita a las personas a ayudar, es decir, a las personas empáticas les surge un sentimiento natural de querer apoyar y aportar a otros.

De acuerdo con Daniel Goleman, la empatía es el pegamento social que mantiene la unión entre las personas. Se establece a partir de la conciencia que tenemos de nosotros mismos y de nuestro conocimiento sobre nuestras propias emociones. Por lo tanto, cuanto más nos conozcamos y nos comprendamos, más comprenderemos a los demás. Tener la capacidad de reconocer los sentimientos ajenos influye en todo lo que hacemos y en cómo nos relacionamos. Si tenemos en cuenta que las emociones suelen comunicarse a través del lenguaje no verbal, y que en ocasiones percibimos que las palabras de alguien no coinciden con su tono de voz o sus gestos, es fácil concluir que aprender a diferenciar el contenido de las palabras y las emociones reales que se ocultan tras los gestos resulta muy útil para comprender a los demás y sintonizar con ellos. Así pues, empatizar une, suma y aporta numerosos beneficios en el desarrollo de las relaciones humanas.

Complicidad: la química que sentimos entre nosotros

La complicidad se define como el sentimiento de unión, conexión, camaradería y solidaridad entre dos o más personas. Es entenderse y complementarse en lo mental y lo emocional. A veces incluso sin emitir palabra; hablar con la mirada o lo que se denomina tener una «mirada cómplice». En palabras de Mario Benedetti: «Todavía creo que nuestro mejor diálogo ha sido el de las miradas. Las palabras, consciente o inconscientemente, a menudo mienten, pero los ojos nunca dejan de ser veraces».

La complicidad tiene muchos matices. Por un lado, implica un compromiso de lealtad, sinceridad y fidelidad, y en el que la empatía, el apoyo y la ayuda son algunos de los pilares fundamentales de la relación. Sin embargo, también se pueden identificar relaciones de complicidad destructivas, como las que tienen dinámicas delictivas o dañinas. Por ejemplo, en casos de acoso laboral, escolar o familiar, se podría considerar a algunos testigos como cómplices de agresiones e incluso agresores pasivos, cuando incitan al agresor y no actúan ante la violencia; ni ayudan, ni socorren, ni piden ayuda ni denuncian el maltrato: «No tiene que ver conmigo» o «A mí no me ha hecho nada, así que no me involucro» o «No me merece la pena involucrarme» son algunos de los comentarios habituales de estos cómplices con una actitud apática e indiferente.

En cambio, también se puede observar que algunas personas sienten complicidad en la forma de percibir la vida, en el sentido del humor o en la forma de acometer una actividad. Conectan a partir del amor mutuo, de la amistad, el romanticismo o el vínculo familiar. Algunas con las que mantenemos una unión emocional muy estrecha podrían incluso considerarse «personas hogar» o almas gemelas o amigos al ser fuente de cariño, ternura, seguridad y confianza; son reconfortantes en los momentos de adversidad y buenos compañeros de convivencia en la cotidianidad. Como leí en una ocasión: «La amistad es un alma que habita en dos cuerpos; un corazón que habita en dos almas».

Aceptación: mirar la realidad sin filtros, sin negar ni oponer resistencia

«Sean cuales sean mis defectos e imperfecciones, decido aceptarme sin reservas y por completo», afirmó el conocido psicólogo y escritor Nathaniel Branden. El acto de aceptar no significa gustar, resignarse o permanecer impasible a la posibilidad de cambio; uno puede decidir dedicar tiempo y esfuerzo para mejorar aquello que considera necesario cambiar o que podría mejorar sus circunstancias. Aceptarse y aceptar a otros es sentir la realidad de lo que hay, de lo que es y será, sin negarlo ni rechazarlo. Las personas que no aceptan determinados aspectos de sí mismas o sus circunstancias a menudo viven en un estado de insatisfacción permanente, desasosiego y frustración. Estos sentimientos de desdicha provocan un malestar generalizado hasta el punto de convertir toda la realidad, incluso la positiva, en un abismo de negatividad y angustia. En cambio, las personas que se aceptan a sí mismas y sus circunstancias viven más satisfechas con su vida en general que aquellas que dedican gran parte de su energía a quejarse o criticar. De hecho, según los expertos, al aceptar resulta más fácil cambiar; la aceptación es el paso precursor al cambio al atenuar nuestra actitud resistente. Como dice el refrán popular: «Aquello que se resiste persiste». Por tanto, aceptar que nuestras relaciones con nuestros elegidos y no elegidos no son ni serán perfectas nos ayudará a apreciarlos por lo que son de verdad y no lo que esperamos que sean.

LOS CINCO SENTIMIENTOS NEGATIVOS BÁSICOS MÁS PERJUDICIALES PARA LA CONVIVENCIA: CULPA, ABURRIMIENTO, INSEGURIDAD, RECHAZO Y MIEDO

Como hemos visto, durante la convivencia a veces surgen sentimientos negativos que obstaculizan e incluso perjudican las relaciones. Tener sentimientos negativos es natural, todos los tenemos y son una parte intrínseca de nuestra naturaleza. Sin embargo, si no aprendemos a identificarlos y gestionarlos, sufriremos consecuencias que pueden ser devastadoras para nosotros y nuestro entorno.

Veamos los cinco sentimientos negativos básicos más perjudiciales y que surgen con más frecuencia en las relaciones de convivencia.

El sentimiento de culpa

El sentimiento de culpa es un sentimiento de malestar punzante y angustioso que surge cuando consideramos que somos responsables de perjudicar o dañar a otra persona. La culpa está asociada al remordimiento y al arrepentimiento por hacer o no hacer algo determinado, y a menudo aparece cuando no cumplimos las expectativas propias o de otros. Tener la capacidad para sentir culpa es saludable, a pesar de lo desagradable que puede ser. El lado positivo es que nos ayuda a controlar nuestra conducta y los impulsos; nos hace pensar dos veces antes de actuar. El lado negativo es que llevada al extremo puede ser muy destructiva al inundarnos de angustia y desasosiego.

Hay personas que tienden a sentirse responsables por todo lo que pasa a su alrededor, aunque no lo sean. Viven en un mar de culpa. Pero también hay personas que tienden a culpar a los demás de todos los sucesos negativos sin asumir ningún tipo de responsabilidad. Viven cómodamente tras del escudo de: «No es culpa mía» o «Yo no he sido» o «No pude hacer nada». La culpa a menudo tiene un papel relevante en las relaciones de convivencia, ya que con frecuencia es motivo de conflicto a partir de las luchas de poderes, las acusaciones o incluso las manipulaciones emocionales. En algunos casos es como una pelota de pimpón que vuela de un lado al otro con tal rapidez que es difícil detectar quién originó la partida. A veces las manipulaciones se presentan en modo de chantaje emocional, otras en forma de amenaza y en algunos casos más extremos incluso se ha llegado a culpabilizar a la víctima de agresiones. Las personas que utilizan la culpa como moneda de cambio para controlar a los demás a menudo se hacen las víctimas: «Me dejaste sola en casa y por tu culpa me he puesto enferma». Por tanto, es imprescindible identificar el tipo de mensaje y también al chantajista.

La mayoría hemos sentido culpa por algo o alguien. Ya sea por algo que hicimos en el pasado o por algo que no hicimos en nuestro presente. Este sentimiento aparece con frecuencia cuando no se cumplen las expectativas (propias o ajenas). Por ejemplo, cuando no se cumplen las expectativas de otros a veces surgen el resentimiento y el reproche; grandes destructores de las relaciones. Al final, vivir con rencor sólo lleva al sufrimiento. Por tanto, necesitamos aprender a aceptar nuestras imperfecciones, saber perdonar y ser perdonado. Sólo así podremos sanear casi cualquier daño. Aprender a pasar página y evitar vivir en la culpa y el dolor es ofrecer a otros, y a uno mismo, la posibilidad de mirar hacia el futuro sin cargar con las piedras de la angustia.

El aburrimiento

El aburrimiento es un sentimiento frecuente para muchos y una tortura emocional para otros. Es una emoción generalmente desoladora y frustrante que se caracteriza por la falta de motivación e interés y por alimentar al monstruo de la apatía, la pereza y la desidia. De acuerdo con la Real Academia de la Lengua Española se define como el tedio, fastidio y cansancio originados por falta de diversión y distracción. A menudo surge a partir de la monotonía y la rutina o cuando las relaciones personales se vuelven cansinas y tediosas.

A veces durante la convivencia nos aburrimos de nuestros acompañantes. Por muy entretenida, activa y positiva que ésta sea, a veces nuestros elegidos y no elegidos se convierten en una fuente de aburrimiento. Ninguno de nosotros se libra de ser la fuente de aburrimiento.

Para la mayoría el aburrimiento tiene mala reputación, no está bien visto. Cuando una persona se aburre a menudo se muestra irascible o de mal humor, y con frecuencia responsabiliza a los demás o a factores externos de sentirse así: «Me aburre el trabajo, la familia...». Pocas veces escuchamos a alguien decir: «Qué aburrido soy». Sin embargo, si profundizamos en este sentimiento, descubriremos que en realidad el aburrimiento es un estado de ánimo asociado a la tristeza, el vacío, la falta de sentido y propósito. Por lo tanto, cuando nos aburrimos es muy probable que necesitemos cambiar algo. Para ello ayuda preguntarse: «¿Qué me aburre? ¿Por qué? ¿Qué me gustaría cambiar? ¿Qué necesito?». A veces replantearse un cambio para salir de un estado continuo de insatisfacción es el mejor empujoncito y lo que nos hace falta para volver a sentir ilusión. Por ejemplo, hay personas que conviven con una pareja que les aburre. Sienten que pasa de ser una persona elegida a una no elegida. Aunque exista amor, a veces las relaciones de pareja se vuelven tan rutinarias que se convierten en aburridas. Las hay que no tienen nada de qué hablar; las hay que no tienen relaciones sexuales porque están demasiado cansados o porque siempre hacen lo mismo y les aburre. No pocas veces me encuentro a personas que se plantean tener una relación extramatrimonial por aburrimiento. «Necesito otra cosa, algo diferente, algo emocionante», «Nunca imaginé que me fuera a plantear algo así por aburrimiento. Tengo una relación buena con mi pareja en muchos sentidos, pero en otros me aburre soberanamente», me comentan con tristeza.

Por consiguiente, desde un punto de vista positivo, el aburrimiento puede considerarse un sistema de alarma interno que nos indica que tenemos que hacer algo para cambiar e intentar mejorar algo. Quizá ayude a dar el paso para intentar reconectar con la pareja, o puede que despierte la necesidad de cambiar de trabajo, así como a darse la oportunidad de emprender un nuevo camino. Pero, sin lugar a dudas, el aburrimiento bien gestionado puede darnos ese empujoncito que necesitamos para cambiar. En mi experiencia, tiene el poder de devolver la motivación y la capacidad para tomar la iniciativa de cara a conseguir nuestros objetivos y construir un futuro mejor.

El sentimiento de inseguridad: celos y envidia

El sentimiento de inseguridad forma parte de la vida y de la gama de emociones con las que convivimos cada día. Sentirse inseguro en algún momento es natural. A menudo está asociado al sentimiento de incertidumbre, a la falta de seguridad y protección del entorno, a la desconfianza en uno mismo y los demás, y al sentimiento de inferioridad. Cuando estas emociones se combinan y se asocian a una persona determinada pueden surgir los celos y la envidia. La diferencia entre los celos y la envida es que en la envidia intervienen dos factores principales: el deseo de poseer (objeto o persona) lo que otro posee y un sentimiento de tristeza por el bien o la fortuna ajena. Los celos se caracterizan porque en ellos intervienen tres factores: el objeto poseído, el que lo posee y el que amenaza con robarlo. La persona celosa considera que el objeto (material o persona) es una posesión propia y que corre el peligro de que un tercero la hurte.

Los celos

Todos hemos sentido celos en algún momento, ya sea de un familiar, de la pareja o un amigo. Es un sentimiento muy común, aunque siempre desagradable e inquietante. El término «celos» proviene del latín *zelus*, que significa «posesión valiosa que se encuentra en peligro». Los celos son sentimientos provocados por angustia, incertidumbre y miedo a perder lo que se siente que se posee y se considera con derecho a poseer. A menudo se asocia al amor romántico. De hecho, están continuamente presentes tanto en las obras literarias, el teatro o el cine como en las experiencias e historias reales de amor de nuestro entorno. Todos conocemos más de una historia de amor en la que los celos tienen un papel protagonista. Sin embargo, los celos van más allá de las historias románticas y de la pareja. También están presentes en las relaciones con otros no elegidos, como nuestros familiares, vecinos y compañeros de trabajo. Por ejemplo, uno de los celos más comunes son los fraternales. Ya sea por un nuevo nacimiento, por competitividad, por falta de atención y afecto o por favoritismos, los celos entre hermanos son algunos de los motivos más frecuentes de conflictos familiares.

Las características más comunes de los celos son la desconfianza, el miedo y la sospecha del celoso de que van a engañarlo y traicionarlo. A menudo el celoso cae en una espiral de pensamientos obsesivos y recurrentes que provocan más y más inseguridad y ansiedad, de forma que se pueden identificar distintos grados de intensidad y presencia. Aunque sentir celos es normal, el problema de los celos prima cuando se convierten en celos patológicos o celotipia. Es decir, cuando la intensidad de los celos llega a su máximo, a menudo convierten a las personas en seres agresivos, controladores, despiadados y perversos. Pueden transformar a la persona más serena y estable en un ser frenético y enloquecido de celos.

A menudo se utiliza el cuento breve *La historia del joven celoso*, del escritor francés Pierre-Henri Cami, como ejemplo para plasmar hasta dónde pueden llevar los celos a un celoso patológico:

> Cuenta la historia que un joven enamorado quería tanto a su novia que, para que no viera a nadie, le arrancó los ojos y, para que no pudiera hacer gestos de invitación, le cortó las manos. Pero como ella aún podía hablar con otros, decidió cortarle la lengua. Sin ser suficiente, como también podía sonreír a los admiradores, acabó por arrancarle los dientes. Por último, para estar más tranquilo, le cortó las piernas y por fin el joven descansó; la muchacha ahora era muy fea, pero él se sentía en calma porque al menos sería suya hasta la muerte.

Cuando creamos un vínculo de apego estrecho con alguien, deseamos compartir tiempo juntos. El cariño es como un pegamento que mantiene a las personas unidas. Sin embargo, cuando brotan los celos también se despierta la necesidad de controlar al otro, con lo que la relación se convierte en otra cosa: una obsesión. Las personas con celopatía sufren y hacen sufrir a los demás. Su inseguridad puede, además de despertar sentimientos de venganza y posesividad, también deseos obsesivos de destrucción que hacen desaparecer la última gota de sentido común.

La envidia

La envidia, como los celos, es un sentimiento común en las personas; sin embargo, no se reconoce ni se suele compartir con los demás. Como dijo el filósofo y escritor Jalil Gibran: «El silencio del envidioso está lleno de ruidos». Este sentimiento implica, además de inseguridad, el deseo de poseer aquello que otra persona ya tiene; el envidioso sufre mucho al verse superado o mejorado por el envidiado y siente un profundo sentimiento de inferioridad.

La envidia se define como el sentimiento de tristeza y desdicha provocado por el bien ajeno; el envidioso desea que el otro tampoco tenga lo que tiene. La envidia es una emoción muy corrosiva y una de las mayores fuentes de destrucción de cualquier relación. Sin embargo, cabe señalar que, en la mayoría de los casos, el envidiado no suele ser consciente del sentimiento de envidia que despierta en el envidioso. Y aunque no se perciba con claridad, no pocas veces el envidioso actúa sobre sus sentimientos y emplea conductas destructivas con el fin de destruir al envidiado.

Los aspectos más envidiados suelen ser el dinero, la imagen, la belleza, el poder, el prestigio, el reconocimiento, las posesiones, el estatus social, la fortuna, las habilidades sociales y el éxito. Dice un refrán popular que la envidia del amigo puede ser peor que el odio del enemigo.

No es fácil comprobar los actos envidiosos de las personas con las que se convive, en especial de una persona elegida como un amigo. A veces el amor y el cariño se ven superados por la envida, capaz de convertir una relación sana en una relación perversa. El envidioso, a menudo, suele atacar al envidiado de forma muy sutil, desde intentando provocar inseguridades, dudas, miedo o a través de calumnias y difamación. Y en casos más extremos, el envidioso incluso puede llegar a ser capaz de autosabotearse o lesionarse a sí mismo con tal de perjudicar y destruir al envidiado. Un ejemplo es el siguiente cuento popular:

> En un lejano país donde un rey quiso saber qué era peor, si la envidia o la tacañería, hizo llamar al hombre más envidioso y al hombre más tacaño del reino. Una vez en palacio les dijo: «Les otorgo a cada uno un deseo, lo que quieran, pero le daré el doble al otro». El tacaño decidió no pedir nada, ya que así el envidioso no tendría nada. Pero cuando llegó el turno del envidioso, éste dijo: «Deseo que me saquen un ojo».

La envidia es uno de los sentimientos más peligrosos y destructivos que existen. Convivir con ella es como llevar arsénico en las venas; un veneno mortal que garantiza la extinción de toda serenidad y paz interior. No obstante, afrontarlo y superarlo es posible siempre que se reconozca y se lleven a cabo las siguientes pautas básicas:

- Dejar de compararse con los demás.
- Cuidar la autoestima identificando y centrándose en las propias fortalezas y virtudes.
- Dejar de juzgar y ser más generoso con los demás.
- Valorar los que sí se tiene.
- Hacerse responsable de los propios actos, emociones y objetivos futuros.

El rechazo: del desprecio al odio

Rechazar es el acto de no aceptar, de resistir o negar, de oponerse o despreciar algo o a alguien. Los causantes de rechazo más habituales en nuestra sociedad actual son: la raza, el sexo, la edad, la religión, la nacionalidad, la imagen física, la forma de vestir y de hablar, la ideología, la condición política, el estatus social, el comportamiento y las costumbres personales.

Durante la convivencia, es normal que, en ocasiones, por desacuerdos o desencuentros, surjan leves sentimientos de rechazo. Todos lo hemos sentido o hemos sido fuente de rechazos, es decir, nos han rechazado; lo queramos o no, forma parte de nuestras relaciones de convivencia. Cuando sentimos rechazo tenemos la necesidad de apartar al rechazado, y cuando nos sentimos rechazados nos entristecemos. A pesar de que no es plato de buen gusto para nadie, intentar comprender los porqués de este sentimiento tan frecuente y explorar qué podemos hacer con ello cuando surge nos puede ayudar a gestionarlo y a prevenir posibles conflictos.

El sentimiento de rechazo puede surgir por múltiples motivos, pero habitualmente aparece cuando nos sentimos incomprendidos o no escuchados, cuando nos faltan el respeto, cuando desconfiamos o cuando sentimos que se invade nuestro espacio personal o físico. A menudo se asocia a algún desacuerdo o altercado que haya provocado el deseo de poner distancia, tomar el aire y dejar que el tiempo pase. Pero cabe señalar que en ocasiones también puede surgir sin que haya existido conflicto alguno o un motivo aparente; es decir, como hemos visto antes, también puede surgir por aburrimiento. No obstante, siempre que aparece el sentimiento de rechazo en una u otra dirección, debemos tener claro que subyace un motivo que lo despierta y, si no se gestiona de forma adecuada, puede convertirse en la antesala del desprecio y del odio.

El desprecio y el odio son sentimientos contagiosos con altos niveles de aversión y hostilidad, pues despersonalizan al odiado y lo convierten mentalmente en un objeto para destruir. Los estudios apuntan que existe una clara relación entre el odio y los actos perversos, vengativos y crueles. Algunas personas odian con tanta intensidad que se corrompen hasta perder el sentido de la realidad, e incluso tienen la capacidad de justificar sus sentimientos y sus actos de crueldad hacia el odiado. Es más, la intensidad de su odio no sólo las lleva a deshumanizar, sino también a cometer atrocidades como crímenes de odio; delitos dirigidos hacia una persona o un grupo de personas basados en prejuicios y conceptos falsos a menudo relacionados con la raza, la religión, la orientación sexual y la ideología política.

El odio puede emplearse en las relaciones de convivencia como una estrategia manipuladora con el fin de controlar y destruir la estabilidad de otros. De igual modo, con frecuencia se utiliza para humillar y excluir a personas de un grupo. A menudo está presente en el acoso laboral y escolar; el acosador se obsesiona con el odiado y lo tiene presente en cada momento. Como señaló el psiquiatra Castilla del Pino en su libro sobre el odio: «La imagen del odiado se introduce en el que odia sin posibilidad alguna de desaparición, ni siquiera con la muerte del odiado, porque su imagen vivirá mientras el que odia viva». Al final, sin darse cuenta, el que odia se convierte en esclavo del odiado.

Hay personas que crean vínculos con su entorno a partir del odio; consideran que para conectar con otros es necesario tener un enemigo común. Para ellos ésa es la única forma de sentir que forman parte de un grupo y de tener un propósito; odiar da sentido a su vida. Los delitos y crímenes de odio a menudo se apoyan en este principio. Por ejemplo, hace sólo unas décadas los nazis se unieron con el propósito de aniquilar a los judíos, a los polacos, los gitanos y todo aquel que estuviera en contra de su ideología. Odiar envenena el alma, aniquila la empatía y, como un virus mortal, destruye todo lo que se encuentra a su paso, empezando por uno mismo. Por tanto, si existe el odio bajo la propia piel, la única forma de tratarlo y eliminarlo es pedir ayuda y hacer un trabajo sincero de introspección con el fin de averiguar dónde están las semillas que lo originaron y que alimentaron al monstruo interno. Sólo a partir del trabajo personal es posible dejar de ser un esclavo de este mal y recuperar la serenidad del corazón.

El miedo

La capacidad de sentir miedo es fundamental para nuestra supervivencia. Sentir miedo nos protege. Las personas que no sienten miedo a nada tienen un problema muy serio, ya que a veces no saben distinguir entre lo que es peligroso y lo que no. El miedo es una respuesta instintiva, adaptativa y saludable; nos protege y ayuda a identificar situaciones peligrosas. Por tanto, nuestro instinto miedoso es una respuesta natural y positiva. Es preciso tener presente siempre que el miedo es un amigo y aliado indispensable para sobrevivir. Sin embargo, el miedo también tiene otra cara, una que no es tan amiga. En palabras del escritor Antonio Gala en su obra *Las afueras de Dios*: «Porque nos desconocemos, estamos llenos de miedos. Miedo al amor y miedo a la muerte. Miedo a nosotros mismos y a los otros. Miedo al abandono y al fracaso. Miedo a la soledad que provocamos y a la compañía que tenemos. Miedo a la dependencia y también a la libertad. Miedo a la oscuridad de cualquier clase y a las imágenes de la muerte. Miedo a la vejez, que nos pone de empujón frente a lo que somos y hemos sido, frente a lo que hemos dejado de ser y frente a lo que seremos. Miedo a la nada, y miedo, qué cosa tan terrible, al mismo Dios».

A veces el miedo puede ser el enemigo que nos invade y paraliza, sobre todo cuando no sabemos de dónde viene y es producto de nuestra imaginación. El miedo desproporcionado, irreal y patológico surge cuando vemos peligro donde en realidad no lo hay. Este miedo irracional y exagerado puede convertirnos en personas obsesivas, temerosas y aprensivas, y si no se gestiona puede incluso transformarnos hasta destruir la autoestima. En palabras del escritor Edmund Burke: «El miedo es el más ignorante, el más injusto y el más cruel de los consejeros». Podemos concluir que el miedo tiene dos caras: puede darnos alas y salvarnos la vida, o puede inmovilizarnos hasta esclavizarnos.

La forma en que interpretamos lo que nos sucede es más significante que el propio suceso; nuestros pensamientos son más poderosos que los hechos. Es decir, las cosas que nos pasan nos afectan más o menos intensamente dependiendo de la percepción que tengamos de ellas. Decía el gran filósofo Epicteto: «Las cosas existen en tanto en cuanto existen en la mente». Sin embargo, el miedo no sólo está en nuestra cabeza. A veces existen factores internos y externos reales que nos despiertan sentimientos de miedo, como son el miedo a la muerte, a la soledad o a personas perversas y agresivas. Independientemente de que tengamos una personalidad más o menos temerosa, hay personas que nos producen desasosiego y las tememos. Por ejemplo, si convivimos con personas agresivas, es muy probable que nuestro sistema de alarma se active y permanezca activo para avisarnos del peligro, pero debemos tener cuidado, ya que permanecer en un estado de alerta tiene serias consecuencias en nuestra salud física y emocional.

El miedo tiene un papel importante en las dinámicas de convivencia al influir en el comportamiento y en los sentimientos. Las personas que conviven con personas que les producen miedo pagan un precio muy alto en su salud mental. A menudo desarrollan trastornos de ansiedad, depresión o incluso enfermedades físicas asociadas al estado de tensión y estrés crónico. Como dijo el escritor Francis Bacon: «Miserable es el estado de ánimo de aquel que tiene pocas cosas que desear y muchas que temer». Para afrontarlo primero debemos identificar la fuente de temor y después crear un plan de acción para superarlo; revisar y reorganizar la forma de relacionarnos. No olvidemos que el miedo se puede tratar y superar, que es posible liberarnos de sus cadenas punzantes.

CÓMO RESOLVER Y SUPERAR EL DOLOR EMOCIONAL: PASAR PÁGINA Y RECONCILIARSE CON EL PASADO

Los conflictos forman parte de la vida, ya lo vimos. Todos tenemos conflictos, pero siguiendo unas pautas determinadas y con una buena predisposición lograremos resolverlos. En cambio, si tenemos una actitud resistente, si no escuchamos o no estamos dispuestos a ceder en algo para llegar a un acuerdo pacífico, el conflicto no se resolverá y el problema empeorará. Para resolver los conflictos se suele recomendar afrontarlos lo antes posible, es decir, hablar sobre ellos cuando surgen y evitar así que se conviertan en un tema no resuelto y se enquisten. Cuando se ignoran, a menudo se produce el efecto bola de nieve, que se caracteriza por aumentar la tensión y el malestar entre las personas implicadas. Como resultado, aparecen los efectos residuales, que provocan sentimientos de hostilidad fomentados por el resentimiento, el rencor y la ira acumulados, para terminar en un distanciamiento o ruptura definitivos.

> Paso del tiempo + (frustración + resentimiento + rencor + ira) = distanciamiento emocional y ruptura

Existen diferentes maneras de gestionar y resolver los conflictos, pero los expertos en mediación recomiendan seguir las siguientes pautas para su resolución:

1. Llegar a un acuerdo para encontrar una solución consensuada entre las partes implicadas.
2. Contar con un mediador para que haga una función de arbitraje con el fin de llegar a un acuerdo y a una conciliación. (Nota: el mediador tiene un papel objetivo y neutral frente al conflicto con el fin de ayudar a las partes implicadas).
3. Soluciones de autoridad. Se contará con la intervención de una persona con autoridad (padres, profesores, jefes, capitanes, jueces, policías, médicos, presidentes de comunidad, directores, gestores...) que impondrá la solución del conflicto en función de las leyes y las normas establecidas (independiente de los intereses personales).

Para resolver cualquier conflicto ante todo es imprescindible tomar conciencia de que éste existe; tener la humildad para aceptar que el conflicto está afectando a los sentimientos, los pensamientos y la conducta. Por lo tanto, es esencial aceptar su existencia y evitar ignorarlo y minimizarlo, así como dejarse llevar por sentimientos de superioridad, orgullo e ira. El proceso de resolución puede ser lento, pero durante éste a menudo surgen momentos positivos y negativos. Como señalan Pérez Serrano y Pérez de Guzmán en su obra *Aprender a convivir*, algunos aspectos básicos que favorecen y perjudican el proceso de la resolución de conflictos son:

ASPECTOS FAVORECEDORES	ASPECTOS PERJUDICIALES
• **Humildad:** respeto al punto de vista de los demás, aunque no coincida con el propio.	• **Amonestar:** molestar a una persona en público, humillar, reprender, criticar, hacer burlas.
• **Tolerancia y ayuda** para los miembros con dificultad de comunicación.	• **Falta de respeto e intolerancia hacia la opinión de los demás.**
• **Autocontrol:** paciencia y voluntad de escuchar el punto de vista ajeno. Control de las emociones.	• **Falta de control emocional.** • **Desconfianza y falta de respeto** hacia los sentimientos ajenos.
• **Confianza:** presuponer la honestidad y la sinceridad de los otros.	• **Mentir:** manipular y falta de sinceridad.
• **Honestidad:** ser francos al expresar las opiniones.	• **Conducta agresiva:** insultos, ofensas y burlas.

Fuente: Pérez Serrano, G., y Pérez de Guzmán, M. V. (2011), *Aprender a convivir: El conflicto como oportunidad de crecimiento.*

Para resolver los conflictos de forma constructiva es esencial que las partes tengan una actitud resolutiva y estén dispuestas a hablar. Veamos diez pautas básicas recomendadas por los expertos que ayudan a resolverlos:

1. Elegir un lugar (espacio) acogedor, tranquilo, con poco ruido, bien iluminado, con buena temperatura y ventilación, y en el que no haya interrupciones. Sentarse en círculo de manera que todos se pueden ver la cara.

2. Separar el problema de las personas. Poner el foco de atención en la tarea y no en las personas involucradas, con el fin de evitar personalizar el problema y crear

un entorno disfuncional y tenso. Fijar una meta en común.

3. Identificar la composición del grupo en conflicto; quién es quién. Teniendo en cuenta la diferencia de poder, la jerarquía, la influencia, el prestigio, las responsabilidades, los roles, los valores y los objetivos individuales.

4. Identificar el estilo integrativo entre los miembros del grupo para detectar la implicación y el grado colaborativo y cooperativo de cada una de las partes. A más integración, mayor compromiso y mejor será el intercambio de información y la fluidez en la comunicación.

5. Identificar los recursos que pueden facilitar la resolución del conflicto. Estos recursos incluyen: habilidades, conocimientos, materiales, recursos económicos y personales.

6. Mantener el grado de conflictividad bajo con el fin de evitar el bloqueo y el estancamiento, promover el pensamiento creativo, autocrítico y constructivo.

7. Explorar y formular alternativas y soluciones al conflicto. Pensar en qué sí se puede hacer.

8. Negociar un plan de acción y distribuir tareas y responsabilidades.

9. Confirmación del acuerdo y compromiso para cumplir lo acordado.

10. Después de un tiempo, revisar los resultados y comentar posibles cambios o ajustes.

Superar el dolor emocional

Superar el dolor, ya sea por pérdida, abandono o ruptura, es posible, por muy doloroso y lento que sea el proceso. Ello depende de nuestras experiencias, de nuestro ritmo de recuperación y de saber identificar nuestras necesidades, así como de conocer las pautas que debemos seguir para sanar y recuperarnos del sufrimiento. Como apunta Robert Neimeyer en su libro *Aprender de la pérdida*: «El duelo es el proceso de pasar de perder lo que tenemos a tener lo que hemos perdido».

Según los estudios, para superar el dolor del abandono necesitaremos pasar por las siguientes cinco etapas:

Etapas	Descripción
1. Sufrimiento y dolor emocional devastador (*shattering*)	Es la etapa más dolorosa, ya que es cuando el dolor nos invade como un tsunami paralizando cualquier intento de comprender lo sucedido. Surgen sentimientos de pánico, desmoralizantes, de desesperación, impotencia, ansiedad, soledad, dependencia emocional y en algunos casos se dan pensamientos y conductas autolesivos.
2. Síndrome de abstinencia emocional	Es la etapa en la que se experimenta el sentimiento de añoranza y melancolía con más intensidad al tener muy presente el vacío y la falta del otro. Los sentimientos de tristeza, soledad y abatimiento son constantes. Surgen pensamientos y sentimientos obsesivos y recurrentes que provocan irritabilidad, cambios de humor, así como desgaste y agotamiento emocional. Cambian los hábitos de sueño, alimenticios, aumenta el aislamiento.

3. Internalizar el rechazo	Es la etapa en la que la herida emocional se vuelve susceptible y vulnerable a pensamientos autoculpabilizadores. El estado de preocupación aumenta, así como la tendencia a sobreanalizar de forma desproporcionada lo ocurrido. El enfado y la decepción se vuelven hacia uno mismo.
4. Enfado / ira	Durante las tres primeras etapas el enfado y la ira tienen un componente victimista; en esta etapa, se vuelcan hacia el «abandonador» provocando sentimientos de empoderamiento y de autoprotección. Surgen los deseos de represalias/venganza. Es la etapa en la que la herida empieza a cerrarse y el dolor comienza a subsanarse; el sentimiento de vacío va desapareciendo poco a poco.
5. Recuperación y superación	Reconstrucción del significado y la experiencia de la pérdida. El dolor desaparece y la experiencia pasa a ser un recuerdo y un aprendizaje: resiliencia.

Antes señalé que afrontar el dolor de la pérdida afectiva es un proceso de sanación lento y complejo. A veces puede ser un camino tortuoso que no podemos hacer solos y para el que necesitamos apoyo. Contar con la ayuda de amigos o personas de confianza, positivas y constructivas, puede ayudar en gran medida a superarlo y a recuperar el estado de ánimo y bienestar. A pesar de ser un proceso difícil, en la mayoría de los casos es posible reparar el sufrimiento y reponerse. Todos podemos aprender a soltar el dolor sin olvidar la experiencia, adaptarnos al cambio y reinventarnos, para por último comenzar a construir un nuevo camino.

En el campo de la psicología, los terapeutas intentamos ayudar a las personas a superar diferentes tipos de dolor. El sufrimiento es una experiencia subjetiva e íntima que debe tratarse con respeto y amabilidad. A continuación presento algunas pautas en las que nos apoyamos los profesionales de la salud emocional para ayudar y acompañar a las personas que viven una experiencia dolorosa, ya sea por una pérdida, un duelo, un fracaso o una desilusión.

PAUTAS PARA SUPERAR EL DOLOR

- Permitir el desahogo (llorar; hablar con otros; pasar tiempo solo, si se necesita, para permitirse experimentar el sentimiento de dolor y pérdida)
- Evitar enfadarse con uno mismo: AUTOCUIDADO con amabilidad
- Analizar con la mayor objetividad posible las circunstancias en las que sucedió el abandono (distanciamiento, ruptura, traición)
- Compartir y consultar con personas de confianza y objetivas sobre lo sucedido para tomar perspectiva
- Aceptar la nueva situación y la pérdida
- Tomarse tiempo
- Definir con claridad los aprendizajes
- Elaborar un nuevo plan de futuro que incluya construir nuevas relaciones y actividades

---

Decía Oscar Wilde en *El retrato de Dorian Gray*: «Los niños empiezan queriendo a sus padres; a medida que se hacen mayores los juzgan; y a veces los perdonan». Aprender a reconciliarse con el pasado, con uno mismo y los demás es una de las claves más importantes de cualquier convivencia para poder pasar página. Aceptar las circunstancias y los motivos que nos han podido llevar al conflicto y perdonar es fundamental para evitar permanecer estancado en el recuerdo doloroso y recuperar la estabilidad. El tema del perdón es delicado, ya que cuando hablamos de ello una de las primeras preguntas que suelen surgir es: ¿se puede/debe perdonar todo? Y lo cierto es que sólo nosotros tenemos la respuesta. Cada uno vivimos el perdón a nuestra manera y lo procesamos internamente dependiendo de nuestras experiencias pasadas.

El perdón no es obligatorio ni significa lo mismo para todo el mundo. Lo que unos pueden perdonar, otros no. Lo que supone perdonar para algunos, para otros supone otra cosa muy diferente. Por lo tanto, la clave es preguntarse: ¿Qué es el perdón para mí? ¿Cómo perdono a los demás? ¿Cómo pido perdón a otros? No existen respuestas sencillas a esta noción tan compleja. Para algunas personas perdonar equivale a olvidar («Hasta que perdonemos, no curaremos»), mientras que para otras, perdonar es pasar página, pero sin olvidar el daño («Perdono, pero no olvido»). Lo cierto es que no podemos forzar el perdón ni obligarnos a perdonar de forma prematura, ya que esto lo convierte en un perdón insincero que enquista los sentimientos de rencor y resentimiento.

Hay tantos tipos de perdón como personas en el mundo. Helen Whitney, escritora y productora del conocido documental *Forgiveness: A Time to Love and a Time to Hate* («El perdón: Un tiempo para amar y un tiempo para odiar») del prestigioso canal de televisión PBS (en inglés: <http://www. pbs.org/programs/forgiveness/>), explica que existe una gran variedad de formas de perdón, de perdonar y de pedir perdón, que dependen de la educación recibida, la cultura, el papel que ha tenido el perdón durante la infancia y el desarrollo. De esta manera, cada uno deberá analizar cómo convi-

ve con sus «perdones». Por ejemplo, para algunos perdonar
supone una liberación o una fortaleza, mientras que para
otros se considera una debilidad y un defecto. Si bien es cierto que hay actos que pueden considerarse imperdonables por
su atrocidad y crueldad, Whitney explica que en estos casos
el perdón se puede compartimentar, de forma que, por un
lado, se respetan y se aceptan los propios sentimientos asociados al acto dañino, y, por otro lado, se logra ir más allá del
sufrimiento. De esta forma uno se protege de revivir una y
otra vez la experiencia traumática.

En conclusión, resolver los conflictos, superar el dolor de
la pérdida y pasar página requiere dedicar esfuerzo a pensar
y decidir soltar el dolor. Identificar el problema, ponerle
nombre, analizarlo y evaluarlo de la forma más objetiva y constructiva posible, para después desarrollar un plan de acción y
pasar página, lleva tiempo. Aun así, podemos conseguirlo,
sobre todo si tratamos nuestros sentimientos con amabilidad
y paciencia. Como dijo Edgar Jackson: «Lo que importa no es
lo que la vida te hace, sino lo que tú haces con lo que la vida
te hace».

El Centro de Control de Calidad Interno Relacional: el derecho a revisar y reorganizar nuestras relaciones

La gran mayoría de las entidades tienen un Centro de Control
de Calidad. Este centro es el responsable de detectar la presencia de fallos y de asegurarse del funcionamiento correcto.
Para conseguirlo llevan a cabo inspecciones y recogen datos

con el fin de hacer una valoración de su estado, y en caso de error, se intentan corregir los problemas teniendo en cuenta los costes añadidos.

A partir de esta idea quizá podríamos considerar que cada uno tenemos en nuestro interior un Centro de Control de Calidad que nos ayuda a revisar y a organizar distintos aspectos de nuestra vida. Nuestra capacidad analítica y de introspección, así como nuestra sensibilidad e inteligencia intuitiva, nos ayuda a valorar si nuestras relaciones personales son saludables o tóxicas. Como vimos al principio de la lectura de este libro, es imprescindible conocernos, tener claras las prioridades y saber identificar nuestras emociones.

Las pautas de revisión recomendable que nos ayudan a identificar aquello que necesita corrección y cambios son las siguientes:

- Observar si el funcionamiento es adecuado
- Identificar lo que funciona y lo que no funciona
- Identificar las causas
- Valorar los pros y los contras respecto a la inversión requerida para su corrección
- Investigar posibles soluciones y plan de acción
- Decidir si llevar a cabo la inversión de tiempo y recursos en arreglar el problema

Cuando revisamos una relación determinada y nos damos cuenta de que no funciona o nos perjudica y queremos poner distancia, puede que nos invada un sentimiento momentáneo de culpa o pérdida, lo que provocará pensamientos contradictorios. Es posible que ante la duda surja miedo a actuar y caigamos en el torbellino eterno de no saber qué hacer. Pero si nos escuchamos con atención y sin hacer juicios de valor, encontraremos la respuesta. No es fácil escondernos de nuestros propios sentimientos, aunque a veces tengamos la capacidad de autoengañarnos temporalmente. A veces lo que nos lleva a revisar nuestras relaciones es un choque con la realidad que nos obliga a abrir los ojos, a escuchar y afrontar la verdad. Sucede algo que no podemos ocultar y de lo que no podemos escondernos.

Como he señalado numerosas veces a lo largo de estas páginas, por motivos de salud física y mental es importante no involucrarse en relaciones tóxicas, sean del tipo que sean. Aunque lo recomendable es intentar resolver el problema primero, si después de varios intentos esto no es posible, quizá necesitemos poner distancia, aunque sea de forma temporal, para calmar la tensión.

Sin embargo, aunque a veces duela, el mejor remedio es aceptar la situación y poner punto final a una relación que sólo nos hace sufrir. Para ello nos ayudará poner en funcionamiento nuestro Centro de Control Interno de Calidad Relacional, un sistema vinculado al instinto de supervivencia que implica escucharnos a nosotros mismos para identificar y evaluar una relación determinada que nos hace daño y si conviene hablar, poner distancia de forma temporal o romper. Esta decisión, aunque dolorosa, es una forma de cuidarnos y darnos la oportunidad de hacernos responsables y dueños de nuestro bienestar. Como apunta Mihaly Csikszentmihalyi en su obra *Fluir*: «Una persona puede hacerse a sí misma feliz o miserable tan sólo cambiando los contenidos de su conciencia. Todos conocemos individuos que pueden transformar situaciones desesperadas en desafíos supe-rables simplemente por la fuerza de su personalidad. Esta capacidad de perseverar a pesar de los obstáculos y retroce-sos es la cualidad que la gente más admira en los demás, y con justicia, porque quizá sea el rasgo más importante no sólo para tener éxito en la vida, sino también para disfru-tarla».

NUESTROS VALORES, VIRTUDES Y FORTALEZAS: PRINCIPIOS QUE NOS UNEN O DISTANCIAN EN LA CONVIVENCIA

En la actualidad vivimos en un mundo en el que nuestros derechos, los Derechos Humanos, son un pilar de estabili-dad, justicia y conciencia social. En los países democráticos la mayoría de las personas tienen el derecho a ser autónomas, independientes, a su autonomía y a valerse por sí mismas res-petando las leyes y los derechos de los demás. Muchas pue-den disfrutar de unos derechos y unos deberes sociales e indi-viduales para realizarse como personas, pero es preciso señalar que no todo vale. También tenemos la responsabili-dad de cumplir con una serie de obligaciones y compromisos que, estemos o no de acuerdo, forman parte de las normas legales y reglas básicas de convivencia de las que parten y se construyen nuestros valores.

Los valores son los principios básicos por los que se rigen las personas. Son como una guía de comportamientos que nos ayudan a determinar qué, cómo y por qué hacer o actuar. Podemos tener diferencias de opiniones respecto a nuestros valores personales, sociales o culturales, pero existen los denominados Valores Universales, que se caracterizan por ser en su mayoría perdurables en el tiempo, así como movibles a casi cualquier parte del mundo. Los valores universales incluyen los valores éticos, la honestidad, generosidad y la sinceridad.

Uno de los estudios más conocidos y prestigiosos sobre los valores universales fue el que desarrolló el psicólogo Shalom Schwartz. Fue un estudio que se centró en la teoría de los valores y se llevó a cabo durante más de treinta años. Según su teoría, los valores se definen como creencias sobre estados, o conductas finales deseables, que trascienden a las situaciones específicas, que guían la sección o evaluación de la conducta y de los acontecimientos, y varían entre las personas y las culturas. Sin embargo, apunta que todas tienen en común que influyen directamente en el desarrollo de las leyes, la economía y en la democratización de un país.

De acuerdo con la teoría de valores de Schwartz, y como se ve en el cuadro de la página siguiente, se pueden identificar diez valores universales con sus valores asociados correspondientes.

DIEZ VALORES MOTIVACIONALES, META FINAL Y LOS VALORES INDIVIDUALES QUE LOS REPRESENTAN		
Valor	**Meta final a la que se dirige**	**Valores representativos**
Individualidad	Independencia en los pensamientos y en las acciones; elección, creación y exploración.	Creatividad, libertad, independencia, elección de metas, curiosidad.
Conformidad	Moderación en las acciones, inclinaciones e impulsos, para no ofender ni perjudicar a otros ni violar las expectativas sociales o las normas.	Autodisciplina, educación, respeto a padres y ancianos, obediencia.
Estimulación	Excitación, novedad, desafíos en la vida.	Una vida excitante, una vida variada, atrevimiento.
Hedonismo	Obtener placer para uno mismo.	Placer, vida divertida, autoindulgencia.
Logro	Éxito personal, demostrando ser competente de acuerdo con las normas sociales.	Ambición, triunfo, capacidad, influencia.
Poder	Estatus social y prestigio, control y dominancia sobre la gente y los recursos.	Autoridad, poder social, riqueza, preservación de la imagen pública.
Seguridad	Seguridad, armonía y estabilidad de la sociedad, de las relaciones y de uno mismo.	Seguridad familiar, seguridad nacional, orden social, reciprocidad de favores.

Tradición	Respeto, compromiso y aceptación de las costumbres e ideas que proponen la tradición cultural o la religión.	Devoción, respeto a la tradición, moderación, humildad.
Benevolencia	Preservación y refuerzo del bienestar de la gente con la que se tiene un contacto personal frecuente.	Amabilidad, honestidad, comprensión, respetabilidad, lealtad.
Universalismo	Comprensión, aprecio, tolerancia y protección del bienestar de las personas y de la naturaleza.	Igualdad, justicia social, sabiduría, mente abierta, protección del ambiente, unión con la naturaleza, un mundo hermoso.

Fuente: Adaptación de Schwartz *et al*., por Abella, Lezcano y Casado (2017).

A partir de los valores aprendidos podemos desarrollar nuestras virtudes, pero para ello necesitamos estar en un entorno seguro. Como explica el profesor David Isaacs, autor de *La educación de las virtudes humanas y su evaluación*, para madurar y desarrollarnos adecuadamente necesitamos tener primero un sentido de pertenencia, raíces y experiencias en un contexto seguro y saludable; motivado por amor y generosidad, ya que lo contrario estará motivado por el miedo y el egoísmo.

Martín Seligman y Christopher Peterson, pioneros en el campo de la Psicología Positiva, crearon un manual y cuestionario psicológico denominado Cuestionario VIA de Fortalezas Personales (*VIA Inventory of Strengths*, se puede realizar gratuitamente en la página web de la Universidad de Pensilvania), con el fin de estudiar las virtudes y fortalezas psicológicas que favorecen las relaciones personales y el bienestar. Sostienen que nuestras virtudes se desarrollan a partir de la intensidad con la que se experimentan y el compromiso existente con cada una de ellas. Por tanto, una persona que ha desarrollado la virtud del coraje tendrá un alto compromiso con la valentía. De acuerdo con sus estudios, existen seis categorías de virtudes: humanidad, sabiduría y conocimiento, coraje, justicia, templanza y trascendencia. Y en éstas se agrupan veinticuatro fortalezas.

VIRTUDES Y FORTALEZAS

Humanidad
- Amor
- Compasión, generosidad y altruismo
- Inteligencia emocional y social

Sabiduría y conocimiento
- Curiosidad, interés por el mundo
- Amor por el aprendizaje y el conocimiento
- Mentalidad abierta, pensamiento crítico y juicio
- Creatividad
- Sabiduría y perspectiva

Coraje
- Valentía
- Persistencia y diligencia
- Integridad, honestidad y autenticidad
- Vitalidad y pasión por las cosas

Justicia
- Liderazgo
- Civismo, trabajo en equipo y responsabilidad social
- Sentido de justicia, equidad e igualdad de derechos

Templanza
- Autocontrol y autorregulación de emociones y conductas
- Compasión, capacidad de perdonar
- Humildad y modestia
- Prudencia

Trascendencia
- Gratitud
- Esperanza y optimismo
- Sentido del humor
- Apreciación por la excelencia y la belleza. Capacidad de asombro
- Espiritualidad, fe, religiosidad

Convivir con personas que tienen valores distintos no es una labor fácil, pero sí necesaria. Es imposible que estemos todos de acuerdo, pero sí podemos tomar consciencia sobre el mundo que nos rodea y respetar nuestras diferencias. Si bien nunca en la historia de la humanidad ha sido tan fácil obtener información sobre modos de vida tan diferentes, así como acerca de los múltiples acontecimientos que suceden a nivel global, es posible que en la actualidad tomar consciencia sobre lo que ocurre en nuestro entorno más cercano y lejano se haya convertido para muchas personas en un gran desafío. Un ejemplo claro que me viene a la mente y que nos afecta a todos en las relaciones de convivencia son los datos actuales de las Naciones Unidas respecto a la población mundial. Explica que en la actualidad convivimos unos siete mil millones de personas (un alto número de lo que podríamos considerar personas no elegidas) y, según los cálculos del informe «Estado de las ciudades del mundo», en 2050 el 70 por ciento de la población se concentrará en áreas urbanas y el 30 por ciento vivirá en zonas rurales. El estudio revela que en la actualidad se comienza a identificar lo que se denomina «ciudades sin límites», que se caracterizan por tener dimensiones muy extensas, como sucede, por ejemplo, en la región urbanizada más poblada del mundo, con 120 millones de habitantes en un espacio de 135 kilómetros de longitud entre Hong Kong y Guangzhou, en China. Una forma de vida sin precedentes históricos.

El mundo está cambiando a toda velocidad y es fundamental tomar consciencia de la importancia de aprender a compartir y cuidar el terreno en el que coexistimos. El espacio terráqueo no aumenta con el crecimiento de la población, lo que convierte la capacidad de compartir espacio y energía en un desafío para todos, sobre todo a la hora de convivir con tantos no elegidos desconocidos.

8

Los grandes elegidos: la amistad y la pareja

> Se pueden hacer más amigos en dos meses intere-
> sándose de verdad por los demás, que los que po-
> drían hacerse en dos años tratando de que se in-
> teresasen en nosotros.
>
> DALE CARNEGIE,
> *Cómo ganar amigos e influir sobre las personas*

LOS AMIGOS Y LA PAREJA: LOS ELEGIDOS TESOROS

A pesar de que el tema central de este libro es la convivencia y compartir con las personas de nuestro entorno, que, como hemos visto, en su mayoría son no elegidos, he considerado necesario dedicar el último capítulo de este libro a nuestros queridos elegidos, dado el papel tan importante que tienen en nuestra vida y bienestar emocional. Como hemos podido comprobar al principio del libro, la diferencia entre las personas elegidas y las no elegidas más habituales es significativa; nuestros elegidos son el grupo minoritario, para la mayoría son los amigos y la pareja, dos de los pilares fundamentales de nuestra vida y, para muchos, fuente de felicidad.

La amistad: el tesoro de la vida

«Quien tiene un amigo tiene un tesoro», dice el refrán. En honor a la amistad, nuestros amigos incluso tienen un día señalado en el calendario: El Día Internacional de la Amistad, que se celebra cada 30 de julio. Tener amigos es una suerte y un verdadero regalo. Aunque no hace falta tener muchos, a partir de uno ya tenemos una joya, siempre que sea uno de verdad. Y aunque tenga un significado diferente para cada uno, para la mayoría supone un vínculo de confianza, afecto, lealtad y compañerismo muy especial; la calidad de la amistad siempre será prioridad.

Cada uno de nosotros tenemos un estilo y unos criterios propios a la hora de hacer amigos, pero todos se construyen a partir de nuestros valores y principios, y nadie ni nada puede forzarnos a construir una amistad si no la sentimos como algo genuino. Existen diferentes grados de amistad a partir de la confianza, el compromiso, la afinidad y la cercanía afectiva. Por un lado, tenemos los amigos íntimos y de más confianza; los considerados familia elegida y probablemente los más importantes de nuestra vida. Pero también están aquellos con quienes sentimos un alto grado de confianza y compartimos actividades de interés común, aunque no los consideremos amigos íntimos. Con algunos convivimos casi a diario, pero a otros los vemos de vez en cuando. Sin embargo, independientemente de la frecuencia, la clave del vínculo de intimidad siempre dependerá de la confianza.

Cuando tenemos la suerte de cruzarnos con una persona que posee las cualidades y características para ser un gran amigo, es como ganar la lotería. Ya lo dijo Shakespeare: «Los amigos que tienes y cuya amistad ya has puesto a prueba, engánchalos a tu alma con ganchos de acero... Y guarda siempre a tu amigo bajo la llave de tu propia vida. Estos amigos son un tesoro para quererlos y protegerlos siempre». Para la mayoría, los buenos amigos te hacen sentir bien, te acompañan a pesar de la distancia física y las diferencias personales, te apoyan en los momentos difíciles de la vida y cuando no estás pasando por tu mejor momento. «El amigo ha de ser como la sangre, que acude luego a la herida sin esperar a que le llamen», decía Quevedo. Un amigo desea lo mejor para ti y te ayuda a mejorar. Se alegra con tus logros, los celebra contigo y no te deja solo en tus fracasos y errores. Sea éste más o menos expresivo y afectivo, siempre se percibe su cercanía y cariño. Un amigo te quiere bien y te tiene presente en su vida, a pesar de conocer tu lado más oscuro. Te protege y te defiende, incluso de ti mismo cuando eres tu propio enemigo. Es sincero pero delicado; tiene en consideración tus sentimientos. Siempre te dice la verdad y es honesto tanto con sus palabras como con sus hechos. Un amigo te sabe escuchar, incluso cuando no hablas. Te ayuda a poner palabras a tus sentimientos y pensamientos. Es empático y sabe ponerse en tu lugar aunque no haya vivido tu misma experiencia. Desde el cariño, un amigo hace el esfuerzo por ver el mundo a través de tus ojos, te acepta como eres y no te juzga, pero sí te da su opinión sincera. Te da el beneficio de la duda y te perdona cuando te equivocas, y no se relaciona desde el orgullo o el rencor. Tiene la humildad para reconocer sus imperfecciones y sus errores, y no se siente de menos cuando pide disculpas.

A partir de la idea de que nadie es perfecto, lo cierto es que existen cualidades personales que nos atraen y otras que nos producen rechazo. Sin intención de hacer juicio de valor, con frecuencia el punto de inflexión a partir del cual construimos o no una amistad depende de si nos gustan esas cualidades. Por ejemplo, para algunas personas es importante ser abierto, simpático o tener sentido del humor, mientras que para otras no lo es. Es algo tan personal que sólo nosotros podemos decidir cuáles son y por qué.

A continuación se ofrece al lector la posibilidad de hacer un breve ejercicio (voluntario) para que identifique los valores y las cualidades propios que considera necesarios para construir una amistad. Si prefiere no hacerlo, puede pasar al apartado siguiente. (Para facilitar el ejercicio recomiendo revisar el apartado que trata los diferentes valores y fortalezas expuestos en el capítulo anterior).

MIS VALORES Y CUALIDADES NECESARIOS PARA CONSTRUIR UNA AMISTAD

Principios y valores (morales y éticos; por ejemplo: honestidad, generosidad...).

Personalidad (por ejemplo: extravertido, introvertido, abierto, tímido...).

Características (por ejemplo: sociable, simpático, educado...).

Criterios necesarios (por ejemplo: sentido del humor, sinceridad, independiente o dependiente...).

Defectos de mi amigo con los que puedo convivir (por ejemplo: adicto al trabajo, irónico, humor negro...).

Defectos con los que no puedo convivir (por ejemplo: egoísmo, antipatía, grosería, despotismo...).

Una vez identificadas las cualidades que consideramos necesarias para poder desarrollar una amistad, propongo identificar a los amigos íntimos y más importantes:

IDENTIFICAR A MIS AMIGOS TESOROS Y FAMILIA ELEGIDA			
Nombre del amigo	¿Cuándo y cómo nos conocimos?	Valores y características positivas	Defectos desde mi punto de vista (percepción subjetiva)
1.			
2.			
3.			
4.			
5.			

Por qué elegimos a unos y a otros no como amigos es un proceso muy personal. El comienzo de cualquier amistad surge a partir del primer encuentro, las primeras impresiones y el grado de conexión. La química que se produce entre ambos produce diferentes sensaciones. Sin embargo, como hemos visto en capítulos anteriores la primera impresión siempre puede cambiar y evolucionar, por lo tanto, nunca es definitiva. Por ejemplo, a veces no surge conexión en el primer encuentro con una persona o ésta pasa desapercibida; no capta nuestra atención. Pero es posible que, con el tiempo, esta conexión se desarrolle lentamente y de forma progresiva. En la mayoría de los casos, la amistad se va creando a partir de las interacciones y de los pequeños momentos compartidos. Los intercambios a menudo son fuente de pequeños descubrimientos mutuos que despiertan poco a poco afectos e interés. Descubrir a los verdaderos amigos puede ser un proceso más o menos lento, pero, con todo, es muy recomendable tener claro quiénes son y por qué lo son, ya que ocuparán un sitio privilegiado en nuestra mente y nuestro corazón. Así que prestemos atención a los que ya tenemos, cuidémoslos y no demos por hecho su amistad, pero mantengamos también los ojos abiertos para detectar nuevos amigos potenciales que se nos crucen por el camino, ya que, cuando aparecen, pueden ser una oportunidad única que nos ofrece la vida para comenzar a construir los cimientos de una historia personal que se convierta en una de las mejores aventuras de la vida.

La pareja: el compañero de vida

Con la pareja, el otro gran elegido de nuestra vida, se establece una relación íntima con un componente sentimental, romántico y sexual. La pareja puede estar formada por un hombre y una mujer o dos personas del mismo sexo. Puede estar unida legalmente (uniones civiles o matrimonios religiosos) o a partir de un compromiso emocional y de palabra. Cada relación de pareja es única e inigualable. Está influida por sus

propios principios y valores, así como por diferentes costumbres culturales y familiares, acuerdos, nivel de intimidad, expectativas y compromisos. Por ejemplo, en algunas
relaciones de pareja se considera esencial la práctica de la
monogamia, pero en otras las relaciones abiertas también se
aceptan; todo depende de los acuerdos establecidos. Cada
pareja es un mundo y lo que sucede de puertas para dentro
sólo lo sabe cada uno de los miembros de la pareja. En palabras del psicólogo y matemático John Gottman, autor de
Las matemáticas del divorcio: «La relación entre dos personas tiene también una firma característica, un "puño", que
surge de forma natural y automática. Ésa es la razón por la
que una relación de pareja puede leerse y descodificarse con
cierta facilidad, ya que sigue un patrón identificable e inva-
riable».

Así como existe el día Internacional de la Amistad, también encontramos una fecha en el calendario para celebrar las
relaciones de pareja: Día Internacional de los Enamorados, el
14 de febrero, el conocido día de San Valentín. Para muchas
personas, con o sin pareja, es un día muy especial y uno de los
más relevantes del calendario. Es una festividad popular que
tiene su origen en Europa y en la que se celebra principalmente el amor de pareja, aunque en los últimos años y en algunos países también se celebra el amor de la amistad. El día
de San Valentín es una conmemoración de origen cristiano,
pero en la actualidad tiene un componente cultural que también incluye otras religiones y a personas no religiosas. Cada
año miles de personas comparten este día siguiendo unas
costumbres comunes y compartiendo diferentes símbolos
como muestra de amor, que a veces incluyen regalar y recibir

flores, hacer regalos simbólicos, cenas... Sin embargo, para otras personas este día es insignificante y consideran que sólo tiene como fin promocionar el consumo o estigmatizar a personas con o sin pareja. Opiniones aparte, lo cierto es que se ha demostrado que, junto a otras fechas festivas, este día tiene un impacto socioeconómico a nivel global como otras fechas destacadas.

A partir de las diferencias personales y del significado que tiene para cada uno el concepto de pareja y compañero elegido, existen unas características y expectativas comunes. Para empezar, la mayoría desea tener una relación saludable con su pareja. Esto implica: tener confianza, sentirse querido, acompañado y apoyado. De igual modo, para algunos es necesario que se cumplan algunos criterios, ya que sin ellos podría significar la ruptura: la fidelidad, el respeto, la confidencialidad, la honestidad, la sinceridad, la lealtad y la nobleza, incluso en los momentos de desencuentro y de mayor conflicto.

Convivir en pareja no siempre es fácil, ya que supone coexistir en un espacio común y otras veces en la distancia; aprender a cohabitar en la intimidad teniendo en cuenta las diferencias y las expectativas personales es un reto. Compartir tiempo, espacio, intereses y compromisos suelen ser algunos de los mayores desafíos, por lo que elegir bien a la pareja será clave. Quizá podamos empezar por preguntarnos ¿cómo elijo pareja? ¿A partir de qué criterios elijo a una u otra persona? ¿Qué cualidades son importantes para mí? Existen numerosas teorías sobre cómo elegimos a nuestra pareja, y de acuerdo con algunos estudios es un proceso bastante complejo y muy personal.

Algunas de las teorías más comunes que pueden ayudar a comprender nuestro propio proceso de selección incluyen: 1) la teoría de las necesidades complementarias de Robert Winch (1958), que considera que los polos opuestos se atraen; 2) la teoría instrumental de la selección de pareja de R. Centers (1975), la cual se basa en que la prioridad es la gratificación de las necesidades, por lo tanto, nos sentimos atraídos hacia personas con necesidades semejantes o complementarias a las propias; 3) la teoría del estímulo, valor y función de Bernard Murstein (1982), que sostiene que elegimos la pareja a partir de la evaluación de las cualidades y deficiencias del otro, que incluyen valores, intereses, actitudes, creencias y necesidades compatibles, con el fin de decidir si la pareja merece o no la pena; 4) la teoría del sistema familiar de Monica McGoldrick (1980), que se basa en que elegimos la pareja a partir de la evaluación y el interés mutuo en crear una estructura familiar.

Las relaciones de pareja pasan por muchas etapas diferentes. La dinámica de la convivencia cambia a la vez que cambian los miembros de la pareja. Por lo tanto, es normal pasar por momentos de crisis y desencuentros. Sin embargo, existen algunas claves científicamente demostradas para sobrellevar los momentos de adversidad y que la pareja perdure en el tiempo (véase cuadro de la página siguiente).

Para poder superar cualquier crisis de pareja se requiere paciencia e intentar centrarse o recordar el lado bueno del compañero. Sin embargo, la realidad es que en los momentos de mayor conflicto es un reto no perder de vista las virtudes y cualidades positivas de la pareja; a veces el dolor o el resentimiento enturbia los ojos del corazón impidiendo que podamos ver con claridad. Aun así, tener en cuenta las cualidades

CLAVES PARA UNA RELACIÓN DE PAREJA SALUDABLE

Autoestima y autonomía personal: mantener una autoestima saludable y una autonomía e independencia personal. Autorrespeto y respeto al otro para prevenir la dependencia emocional y sentimientos de inseguridad y necesidad de controlar a la pareja.

Buena comunicación: libertad para expresar sentimientos y comunicar desde la autenticidad y la sinceridad.

Empatía, apoyo y escucha: emplear una escucha activa, mostrar interés por los sentimientos y preocupaciones de la pareja. Mostrar empatía emocional y comprensión y compasión. (Hablar, escuchar y hacer preguntas).

Tener proyectos y actividades en común, y por separado: compartir intereses y actividades que impliquen disfrutar y evitar la monotonía y el aburrimiento, así como mantener las actividades de interés individual.

Tener y mantener contacto con los amigos: mantener la relación con los amigos es esencial para evitar la dependencia emocional, el aislamiento y el agotamiento emocional.

positivas que en un principio fueron los que atrajeron y despertaron el interés favorecerá la conexión y ayudará a mantener la estabilidad emocional entre los diferentes sentimientos encontrados. «Lo quiero pero no lo aguanto —me decía una mujer sobre la relación con su marido, que estaba pasando por un momento de crisis—. Está todo el día fuera trabajando. No está nunca para ayudar con los niños ni para compartir en familia. Siento que soy como una madre soltera que tengo que hacerlo todo sola. Para colmo, cuando viene a casa está ausente, no habla, no dice nada. Es como si viviera con un zombi. Cena y se va a dormir, sin más. Estoy en un momento en que me pregunto si ésta es la vida que realmente quiero. Empiezo a dudar si quiero seguir en esta relación. Debo decir que es cierto que es un hombre con unas cualidades excepcionales. Cuando está presente es un padre y un marido excelente y cariñoso. Soy consciente de que todo lo que hace lo hace por nosotros. Aun así, siento dudas y tengo sentimientos encontrados. Voy a hablar con él de nuevo para intentar resolver esta situación, ya que, si seguimos así, terminaremos muy mal. Confío en que me escuchará y entenderá que esta situación debe cambiar. La verdad es que es una persona muy sensata y me inspira confianza, así que aún tengo esperanzas».

En cambio, a veces uno de los motivos de conflicto entre la pareja surge a partir de la idealización. Es decir, hay personas que tienden a poner a la pareja en un pedestal y a atribuirles cualidades desproporcionadamente perfectas. Por ejemplo, algunas idealizan su primer amor, otras crean un personaje imaginario, la pareja perfecta, a partir de sus criterios personales sobre lo que ésta debería ser, atribuyéndole cualidades y características irrealistas. Aunque es frecuente que durante la etapa de enamoramiento algunas personas idealicen un poco a su amado, también es normal que con el tiempo los pies vuelvan a tocar suelo y regresen a la realidad. Es decir, a medida que van conociendo las virtudes del otro, también van descubriendo los defectos, y la idealización desaparece.

A menudo me encuentro con hombres y mujeres que tienden a idealizar las relaciones de pareja en general, es decir, la idea de tener una pareja. «Sin pareja no soy feliz. Siento que me falta algo», me comentan. Se sienten incompletos y defectuosos; necesitan tener o vivir en pareja. Asocian la pareja con el romanticismo perfecto y sólo con la pareja pueden desarrollarse sexualmente. Por ejemplo, hay hombres y mujeres que después de leer la novela de E. L. James *Cincuenta sombras de Grey* han ansiado tener una pareja similar a uno de los protagonistas. Tanto es así, que esta historia de ficción eroticorromántica se convirtió en un icono y un referente para mucha gente, pero también en un motivo de frustración al descubrir que las relaciones de pareja no son como se presentan en el libro, que las relaciones sexuales descritas en él son una representación de fantasías sexuales, y que reproducirlas en el mundo real no es fácil. Sin embargo, cabe decir que esta historia llevó a muchos hombres y mujeres a explorar su propia sexualidad y tumbar algunas barreras, tabúes y represiones sexuales que provocaban sentimientos de vergüenza o culpa. A algunos les sirvió como detonante para dejar fluir la curiosidad y la exploración de las propias fantasías sexuales de una forma más realista y sin complejos.

Tener curiosidad es una parte natural del ser humano. No sólo es una fuente de estimulación y de conocimiento, sino que nos ayuda a mantenernos activos mental y físicamente; activa el motor del pensamiento, el aprendizaje y nuestro espíritu aventurero. De acuerdo con el psicólogo Kashdan, quien estudió en profundidad la curiosidad humana, las personas curiosas tienden a salir de su zona de confort con más facilidad y buscan tener nuevas experiencias. También apunta que con frecuencia se interesan por las personas de su entorno y, en consecuencia, buscan relacionarse más con los demás. Las personas que «curiosean» con su pareja se nutren mutuamente. Al compartir su creatividad e imaginación también comparten aspectos de sí mismos que pueden ayudar a resolver conflictos, a disfrutar de la convivencia y de sus relaciones sexuales. Siempre que exista confianza, respeto y buena comunicación en la pareja, dejarse llevar por la curiosidad y el espíritu explorador, tanto en el dormitorio como en la convivencia, favorecerá la relación afectiva y disfrutarán del tiempo que pasen juntos. En palabras de un autor anónimo: «La curiosidad es interés en descubrir quién es el otro frente a mí y se vuelve una ruta para el amor. Responder día a día a la pregunta: "¿Quién eres tú?"».

LA TEORÍA TRIANGULAR DEL AMOR Y LOS AFECTOS: INTIMIDAD, PASIÓN Y COMPROMISO

La afectividad y los distintos vínculos de amor son pilares en las relaciones con nuestros elegidos, ya sean parejas o amigos. Con algunas personas sentimos un grado de conexión y compromiso muy altos, pero la atracción física es inexistente, y a veces ocurre todo lo contrario. Qué nos une o atrae, y qué nos despierta deseo sexual es un tema que despierta en el campo de la psicología un gran interés y curiosidad. Identificar los pilares principales que marcan la diferencia entre una relación de amistad, de pareja o una historia de pasión de una noche son algunos de los temas de conversación más frecuentes entre amigos, que pueden durar horas. Por ejemplo, en mi trabajo a menudo me encuentro a personas que tienen conflictos en sus relaciones de pareja o de amistad al no tener una idea clara y definida sobre sus vínculos afectivos; como resultado viven decepcionadas y en un estado de insatisfacción permanente al comprobar una y otra vez que sus expectativas no se cumplen. Conocer cómo funcionan nuestros vínculos afectivos nos ayudará a comprender muchos aspectos de nuestras relaciones con los elegidos y los no elegidos. Con este fin exploraremos uno de los estudios más importantes sobre las relaciones personales: *La teoría triangular del amor*, de Robert Sternberg, psicólogo referente en el mundo, de la Universidad de Yale, que fue presidente de la prestigiosa Asociación de Psicología Americana y estudió en profundidad los vínculos de afecto y atracción.

Sternberg dedicó gran parte de su tiempo a investigar los vínculos afectivos asociados a diferentes aspectos del amor, que incluyen la amistad, la fraternidad y las relaciones románticas. Sternberg afirma que las relaciones personales se construyen a partir de la existencia de tres componentes básicos: la intimidad, la pasión y el compromiso. Explica que cualquier relación se define a partir de la combinación de estos tres componentes independientemente de que la relación sea de amistad, sexual, de pareja o las tres.

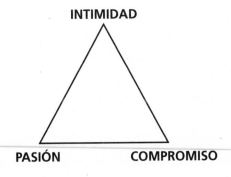

INTIMIDAD

PASIÓN   **COMPROMISO**

La intimidad

Es el deseo de acercamiento y cercanía, afecto, cariño y conexión hacia el otro. Existe intimidad cuando se desea contribuir al bienestar y felicidad del otro, así como cuando existe entendimiento, apoyo emocional, comunicación íntima y seguridad entre las partes. En una relación de intimidad, nos mostramos como somos, nos aceptamos, confiamos mutuamente y respetamos la autonomía personal. La intimidad se construye de forma progresiva y gradual según avanza la relación.

La pasión

Es un sentimiento intenso de deseo de estar con otra persona combinado con la intimidad sexual. El erotismo desempeña un papel muy importante, pero no es necesariamente la fuerza primaria. La pasión por lo general está asociada al enamoramiento o a la atracción física y al deseo sexual sin enamoramiento, y suele surgir de forma intermitente. Por ejemplo, en las relaciones de pareja, la pasión y la intimidad sexual desempeñan un papel esencial, pero no se trata de un deseo permanente. La pasión es más intensa al principio de la relación, con el tiempo suele disminuir en intensidad y estabilizarse a medida que la relación evoluciona.

El compromiso

El vínculo del compromiso implica confiar y ser de confianza. Es la decisión de permanecer leal al otro, incluso ante la adversidad, «juntos en las buenas y en las malas». El compromiso está asociado al esfuerzo y dedicación en contribuir al mantenimiento de la relación, así como al sentido de fidelidad, lealtad y responsabilidad respecto a la otra persona. Tiene un componente de seguridad y estabilidad en la relación y aumenta a partir del grado de intimidad con el otro. El compromiso aumenta poco a poco conforme avanza la relación, aunque suele avanzar más despacio que la intimidad.

Según Sternberg, la combinación de estos tres elementos que componen el amor genera siete tipos diferentes de amor y afecto:

1. Cuando sólo existe cariño, pero no hay pasión ni compromiso. El vínculo con la persona es cercano a partir del cariño.
2. Cuando sólo existe pasión, pero no hay intimidad ni compromiso, se considera una relación de encaprichamiento; una relación esporádica de una noche de pasión.

3. Cuando sólo existe compromiso, pero no hay intimidad ni pasión, se considera un amor vacío. Esto es similar a una relación de compañeros de trabajo, o se produce en matrimonios por acuerdos, en que el objetivo es estar unidos con el propósito de un proyecto u objetivo común.

4. Cuando sólo existe pasión e intimidad, pero no hay compromiso, se considera un amor romántico o de corta duración.

5. Cuando existe intimidad y compromiso, pero no hay pasión, se considera un amor sociable. En el caso de las parejas de larga duración a menudo la relación se define como ser compañeros de vida.

6. Cuando existe pasión y compromiso, pero no hay cariño, se considera un amor fatuo o loco; la motivación es más pasional, no se basa en el cariño y el afecto

7. Cuando existe intimidad, pasión y compromiso, se considera un amor consumado que representa la relación ideal. Generalmente se asocia al principio de una relación amorosa de pareja, pero suele evolucionar con el tiempo.

A partir de la combinación y la relación entre los tres componentes principales —intimidad, pasión y compromiso— se construyen los distintos tipos de relaciones. El vínculo de afecto o cariño con otra persona contribuye a que la relación sea más o menos especial y relevante en nuestra vida, e influirá de una forma diferente en las decisiones que tomemos y en cómo organizamos nuestra vida. (Los lectores interesados en explorar su relación de pareja a partir de la teoría

COMBINACIONES DE INTIMIDAD, PASIÓN Y COMPROMISO DE STERNBERG			
Tipo de amor	Intimidad	Pasión	Compromiso
Cariño o afecto (relación de amistad)	X		
Encaprichamiento (amor a primera vista)		X	
Amor vacío (una relación de conveniencia o durante la etapa final de una relación a largo plazo).			X
Amor romántico (amantes o «amor de verano»)	X	X	
Amor compañero o sociable (relaciones de pareja de larga duración, compañeros de vida)	X		X
Amor fatuo (las bodas relámpago)		X	X
Amor completo, perfecto o consumado (la forma más completa e ideal de relación de pareja, y la más difícil de conseguir; a menudo es la etapa anterior al amor compañero)	X	X	X
Falta de amor (cuando no existe o ha dejado de existir el afecto y el amor y la relación se mantiene por razones ajenas, como factores económicos)			

del amor de Sternberg pueden completar la Escala Triangular del Amor creada por él en 1988, que consta de cuarenta y cinco preguntas, en la que evalúa los tres elementos principales: intimidad, pasión y compromiso).

De acuerdo con Sternberg, nuestras relaciones despiertan sentimientos que no sólo afectarán a nuestro estado de ánimo y a nuestro comportamiento, sino también a nuestra forma de pensar. A veces acertamos en nuestras percepciones, pero otras nos equivocamos, creando confusión, ansiedad e incertidumbre. A veces malinterpretamos las palabras o los actos, y como resultado creamos falsas expectativas que al final sólo terminan en desilusión y decepción. En palabras de Sternberg: «Siempre se nos ha dicho que debemos ser realistas y separar las historias que tenemos en nuestra mente de las que estamos viviendo, con el fin de distinguir la ficción de la realidad. Se supone que lo que pretendemos cuando intentamos conocer mejor a una persona es descubrir exactamente cómo es; debemos ir más allá de lo que podemos percibir o imaginar acerca de ella, ya que estas apreciaciones sólo nos dan una idea de cómo podría ser». Los afectos no tienen edad ni sexo y van más allá de los contextos sociales y culturales; así pues, aunque pueden variar con el tiempo, las relaciones evolucionan a partir del compromiso, la intimidad y la pasión existente. Dependiendo de la intensidad de vínculo afectivo y amor, se manifestará lo mejor y lo peor de cada uno. Es decir, pueden propiciar conductas engañosas y agresivas o ser el motor de los mayores actos de altruismo y generosidad de una persona a otra.

Aprender a convivir en paz dejándonos llevar
por nuestro espíritu aventurero

Nuestra vida es un compendio de historias y relaciones con nuestros elegidos y no elegidos que nos sorprenden, sobrecogen y conmocionan. Como un libro de aventuras, está repleta de vivencias alegres y tristes, de logros y fracasos. Todos tenemos un pasado que rebosa de amores y desilusiones, y un futuro cargado de incertidumbre, ilusiones y deseos. No obstante, es en nuestro presente donde construimos el puente entre nuestro pasado y futuro; el lugar donde estamos continuamente sintiendo, pensando y aprendiendo, así como incorporando nuevos hábitos y descubriendo nuevos propósitos. Nuestro presente es el aquí y el ahora, el lugar donde tomamos decisiones que afectarán el futuro inmediato y a largo plazo. Ese futuro que se espera y que no ha llegado, un futuro lleno de posibilidades.

Vivir en paz con nosotros mismos y los demás es una forma de sentir, de hacer y de relacionarnos. Es aceptarnos y aceptar a los demás tal y como son, sin resignación ni resentimiento. Cuando pregunto cuáles son los propósitos y objetivos principales de la vida, la mayoría de las personas suelen responder tras unos segundos de reflexión: «Yo lo que quiero es vivir en paz y estar tranquilo». Como seres humanos compartimos muchas características en común y a pesar de que todos pertenecemos a la misma especie, lo cierto es que a veces parece que venimos de mundos diferentes. Cada uno evolucionamos y cambiamos según nuestras circunstancias personales, genéticas, familiares y ambientales, y, dependiendo de nuestras experiencias vividas, procesamos la información de forma diferente, lo que afecta a nuestra conducta, nuestras decisiones y prioridades.

Como hemos visto antes, aprendemos a relacionarnos con los demás a partir de nuestro nacimiento. Este aprendizaje madura durante la infancia y la adolescencia, y se solidifica en la edad adulta. Durante los primeros veinte años de vida aprendemos algunas de las lecciones más importantes que marcarán nuestro futuro; son los años en los que desarrollamos los pilares de nuestra autoestima, habilidades sociales y personalidad. A partir de estas experiencias aprendemos a tomar decisiones, algunas muy importantes, que dejarán una huella imborrable en nuestra memoria. Aprender a construir lazos afectivos, saber pedir ayuda y resolver los conflictos es esencial para poder afrontar la adversidad y adaptarnos a los cambios que se nos presentan. Como seres humanos recuerdo que somos territoriales; por tanto, es conveniente aprender a compartir nuestro espacio y tiempo con asertividad y poniendo límites. Sean persona elegidas o no elegidas, todos tenemos un instinto territorial que debemos proteger, ya que también influirá en nuestra calidad de vida. A pesar de nuestro impulso natural de proteger lo que consideramos nuestro, también tenemos la necesidad de compartir y de formar parte de una comunidad y sentirnos valorados.

Tener un hogar, relaciones positivas y un espacio personal agradable y sereno son algunos de nuestros objetivos prioritarios. No obstante, para conseguirlo debemos dedicar esfuerzo y paciencia, y ése es un gran reto, porque debemos aprender a determinar los límites entre nosotros y los demás. A veces estos límites son difusos, pero siempre ayuda tener estructura y unas normas razonables de convivencia basadas en nuestros valores para que exista estabilidad y orden en nuestro sistema social. Por ende, tener en cuenta las claves principales de la convivencia nos ayudará a disfrutar mejor de nuestras relaciones y a sentirnos en paz con nosotros mismos, así como libres para movernos física, mental y emocionalmente.

En conclusión, aprender a convivir y compartir con nuestros elegidos y no elegidos nos ayudará a conseguir nuestros propósitos, a sentirnos lo bastante seguros como para dejarnos llevar por nuestro espíritu aventurero y sorprendernos con todo lo que descubramos por el camino de la vida. Para ello termino con las palabras de la psicóloga e investigadora Kelly McGonial, uno de mis referentes profesionales elegidos: «Mientras sigues avanzando, ten una mente científica. Prueba cosas nuevas, recaba tu propia información y presta atención a las evidencias. Ábrete a las ideas sorprendentes y aprende tanto de tus éxitos como de tus fracasos. Conserva lo que te funciona y comparte tus conocimientos con los demás. Dadas las singularidades humanas y las tentaciones modernas, es lo mejor que podemos hacer, y cuando lo llevamos a cabo con una actitud compasiva y curiosa, nos satisface y nos sentimos profundamente realizados».

GRACIAS, apreciado lector, por el tiempo dedicado a compartir conmigo este baile de la convivencia. ☺

Agradecimientos

Este libro no habría sido posible sin el apoyo, la confianza y generosidad de mis familiares, amigos, compañeros de profesión, pacientes y lectores que han compartido conmigo sus conocimientos y enriquecedoras experiencias.

En especial quiero dar las gracias a mis padres, Leonor y Luis, por su constante apoyo, sugerencias, confianza, generosidad y aprendizaje a lo largo de los años.

También le doy las gracias a mi querida amiga y familia elegida Marta Enrile por el tiempo que ha dedicado con tanto cariño a editar y corregir algunos apartados del libro.

Gracias a Paula Pérez por la ilustración del baile de la convivencia incluida en el primer capítulo.

Gracias a todos mis pacientes por ofrecerme su confianza.

Y mi más sincero agradecimiento a Laura Álvarez y Carlos Martínez, de Penguin Random House, por su impulso, paciencia y confianza.

Bibliografía

Sin autor, «Evitar los abusos de confianza», *El País*, 21 de noviembre de 2009, <https://elpais.com/sociedad/2009/11/21/actualidad/1258758006_850215.html>.

Abella, V.; Lezcano, F., y Casado, R., «Evaluación de la jerarquía de los valores humanos de Schwartz en la adolescencia: diferencias de género e implicaciones educativas», *Revista Brasileira de Educaçao*, vol. 22, n.º 68 (enero-marzo de 2017).

Ackerman, D., *A Natural History of Love*, Nueva York, Vintage Books, 1995. [Hay trad. cast.: *Una historia natural del amor*, Barcelona, Anagrama, 2000].

Ainsworth, M. *Patterns of Attachment: A Psychological Study of the Strange Situation*, Hillsdale (New Jersey), Erlbaum, 2001. [Hay trad. cast.: *Mary Ainsworth-Mary Main: situación extraña y teoría de apego*, Barcelona, Salvat, 2018].

Albrecht, K., *Social Intelligence: The New Science of _Success*, San Francisco, Jossey-Bass, 2006. [Hay trad. cast.: *Inteligencia social: la nueva ciencia del éxito*, Barcelona, Ediciones B, 2006].

Almeida, A., «Las ideas del amor de R. J. Sternberg: la teoría triangular y la teoría narrativa del amor», *Familia*, n.º 46 (2013), pp. 57-86.

Amorós, P., y Del Campo, J., *Programa de prevención y abordaje del conflicto juvenil*, Palma de Mallorca, Gobierno Autónomo-Consejería de Bienestar Social, 2000.

Anderson, S., *The Journey from Abandonment to Healing: Surviving through and Recovering from the Five Stages that Accompany the Loss of Love*, Nueva York, Berkley Books, 2000.

Ares, A., *Formas y resolución de conflictos: práctica de psicología de los grupos*, Madrid, Pirámide, 1999, pp. 137-144.

Arístegui, R.; Bazán, D.; Leiva, J.; L ópez, R.; Muñoz, B.; Ruz, J., y Organización de Estados Iberoamericanos (OEI), «Hacia una pedagogía de la convivencia», *Psyche*, vol. 14, n.º 1 (2005), pp. 137-150.

Aron, E., *El don de la sensibilidad: las personas altamente sensibles*, Rubí, Obelisco, 2016.

Bermejo, D., «Atiquifobia: cuando el miedo al fracaso se apodera de ti», *El Mundo*, 7 de octubre de 2018, *El Mundo*, <https://www.elmundo.es/f5/comparte/2018/10/07/5bb779b346163fa05e8b45aa.html>.

Bisquerra, R., y Pérez, N., «Las competencias emocionales», *Educación XXI*, n.º 10 (2007), pp. 61-82.

Bloomfield, H., y Goldberg, P., *Making Peace with your Past*, Nueva York, Harper Collins, 2000.

Bosch, M. J., *La danza de las emociones: vives como sientes*, Madrid, EDAF, 2009.

Bowlby, J., *Attachment and Loss (vol. 1): Attachment*, Nueva York, Basic Books, 1969.

—, *The Making and Breaking of Affectional Bonds*, Londres, Tavistock, 1979.

—, *Vínculos afectivos: formación, desarrollo y pérdida*, Madrid, Morata, 1986.

Burns, D., *Feeling Good: the New Mood Therapy*, Nueva York, Harper Collins, 1999.

Burt, C.; Gladstone, K., y Grieve, K., «Development of the Considerate and Responsible Employee (CARE) Scale», *Work and Stress*, vol. 12, n.º 4 (1998), <https://doi.org/10.1080/02678379808256873>.

Cardenal, V.; Sánchez, P., y Ortiz-Tallo, M., «Los trastornos de personalidad según el modelo de Millon: una propuesta integradora», *Clínica y Salud*, vol. 18, n.º 3 (enero-diciembre de 2007).

Carnegie, D., *Las cinco habilidades esenciales para tratar con las personas*, Barcelona, Elipse, 2011.

Castilla del Pino, C., *La sospecha*, Madrid, Alianza, 1998.

Chamarro, A.; Gayà, L. A.; Linares, E.; Lladó N.; Romero, J.; Sánchez, A.; Valiente, L., y Ventura. S., *Ética del psicólogo*, Barcelona, UOC, 2007.

Cortelezzi, E., *Buenos modales, buenos negocios*, Barcelona, Grijalbo (epub), 2012.

Craig, G., *Human Development* (octava edición), Upper Saddle River (New Jersey), Prentice Hall, 1999.

Delgado, J., «¿Por qué preferimos dar que recibir», *Rincón de la Psicología*, marzo de 2014, <https://www.rinconpsicologia. com/2014/04/por-que-preferimos-dar-que-recibir.html>.

Duhigg, C., *The Power of Habit*, Nueva York, Random House, 2012. [Hay trad. cast.: *El poder de los hábitos*, Barcelona, Vergara, 2019].

Dyer, W. *Ten Secrets for Success and Inner Peace*, Carlsbad (California), Hay House, 2001. [Hay trad. cast.: *Diez secretos para el éxito y la paz interior*, Barcelona, Debolsillo, 2004].

—, *The Power of Intention*, Carlsbad (California), Hay House, 2004.

Ellis, A., y MacLaren, C., *Las relaciones con los demás: Terapia del comportamiento emotivo racional*, Barcelona, Océano Ambar, 2004.

Escámez Navas, S., «Tolerancia y respeto en las sociedades modernas», *Veritas*, vol. 3, n.º 19 (2008), pp. 229-252.

Ford, A., *En busca del silencio: la atención plena en un mundo ruidoso*, Madrid, Siruela, 2017.

Fromm, E., *The Art of Loving*, Nueva York, HarperCollins, 1989. [Hay trad. cast.: *El arte de amar*, Barcelona, Paidós, 2009].

Gibran, J., *El profeta. El jardín del profeta*, Barcelona, Ediciones B, 2007.

Gigerenzer, G., *Decisiones instintivas*, Barcelona, Ariel, 2008.

—, *How to Make Good Decisions*, Nueva York, Penguin, 2015.

Gladwell, M., *Inteligencia intuitiva: ¿por qué sabemos la verdad en dos segundos?*, Madrid, Taurus, 2013.

Goleman, D., *Inteligencia emocional*, Barcelona, Kairós, 1995.

—, *Social Intelligence*, Nueva York, Bantam Dell, 2006. [Hay trad. cast.: *Inteligencia social*, Barcelona, Kairós, 2018].

—, *The Brain and Emotional Intelligence: New Insights*, North Hampton, More Than Sound, 2011. [Hay trad. cast.: *El cerebro y la inteligencia emocional: nuevos descubrimientos*, Barcelona, Ediciones B, 2016].

—, Boyatzis, R., y Mckee, A., *El líder resonante crea más*, Barcelona, Plaza y Janés, 2002.

Grant, A., *Dar y recibir: por qué ayudar a los demás conduce al éxito*, Barcelona, Planeta, 2013.

Heath, C., y Heath, D., *Decisive: How to Make Better Choices in Life and Work*, Londres, Random House, 2014. [Hay trad. cast.: *Decídete: cómo tomar las mejores decisiones en la vida y en el trabajo*, Barcelona, Gestión 2000, 2014].

Herman, J. L., *Trauma and Recovery*, Nueva York, Basic Books, 1992.

Hobbes, T., *Elementos de derecho natural y político*, Madrid, Centro de Estudios Constitucionales, 1979.

Hogarth, R., *Educar la intuición*, Barcelona, Paidós, 2002.

Hollis, M., *Trust within Reason*, Cambridge, Cambridge University Press, 1998.

Isaacs, D., *La educación de las virtudes humanas y su evaluación*, Pamplona, Ediciones Universidad de Navarra, 2010.

Kahneman, D., *Thinking Fast and Slow*, Nueva York, Farrar, Straus and Giroux, 2011. [Hay trad. cast.: *Pensar rápido, pensar despacio*, Barcelona, Debate, 2012].

Kramer, B., *Shareology: How Sharing is Powering the Human Economy*, Nueva York, Morgan James, 2016.

Levine, A., y Heller, R., *Maneras de amar: La nueva ciencia del apego adulto y cómo puede ayudarte a encontrar el amor y conservarlo*, Madrid, Urano, 2010.

López, M. B.; Filippetti, V., y Richaud, M. C., «Empatía: desde la percepción automática hasta los procesos controlados», *Avances en Psicología Latinoamericana*, vol. 32, n.º 1, 2014, pp. 37-51.

López Morcillo, Á., «Miedo al fracaso. Cómo superarlo y convertirlo en un aliado cuando emprendes», sin fecha, <https://autorrealizarte.com/miedo-al-fracaso/>.

Luna, M., y Velasco, J. L., «Confianza y desempeño en las redes sociales», *Revista Mexicana de Sociología*, vol. 67, n.º 1, enero-marzo de 2005.

Marina, J. A., *Aprender a convivir*, Barcelona, Ariel, 2010.

McGonigal, K., *The Willpower Instinct*, Nueva York, Penguin, 2012.

Millon, T., *Trastornos de la personalidad en la vida moderna*, Barcelona, Elsevier, 2006.

Miralles, F., «Das más que recibes», *El País Semanal*, 3 de enero de 2016, <https://elpais.com/elpais/2015/12/30/eps/1451478814_331817.html>.

Neimeyer, R., *Aprender de la pérdida: una guía para afrontar el duelo*, Barcelona, Paidós, 2007.

Ortego, M. C.; López, S., y Álvarez, M. L., «Los conflictos (tema 9)», *Ciencias Psicosociales I*, Open CourseWare, Universidad de Cantabria, 2010, <https://ocw.unican.es/course/view.php?id=173&section=1>.

Pérez Serrano, G., y Pérez de Guzmán, M. V., *Aprender a convivir: El conflicto como oportunidad de crecimiento*, Madrid, Narcea, 2011.

Pogrebin, R., «Met Changes 50-Year Admissions Policy», 4 de enero de 2018, <https://www.nytimes.com/2018/01/04/arts/design/met-museum-admissions.html>.

Posadas, C. «La timidez, esa tonta enfermedad crónica», web oficial de Carmen Posadas, <http://www.carmenposadas.net/la-timidez-esa-tonta-enfermedad-cronica>.

Puentes, R., y Velasco, M., «Importancia de las sociedades cooperativas como medio para contribuir al desarrollo económico, social y medioambiental, de forma sostenible y responsable», *Revista de Estudios Cooperativos*, n.º 99 (tercer cuatrimestre de 2009), pp. 104-129.

Redacción BBC Mundo, 9 de febrero de 2016, «Qué son los tanques de flotación y por qué están tan de moda, <https://www.bbc.com/mundo/noticias/2016/02/160209_salud_tanques_flotacion_lb>.

Redish, D., *Risk and Rewards. The Mind Within the Brain*, Oxford, Oxford University Press, 2013.

Revuelta, P., *La confianza en cuestión: aproximación crítica a las teorías contemporáneas* (tesis doctoral), Madrid, Universidad Carlos III, 2015.

Rojas-Marcos, Laura, *Hablar y aprender*, Madrid, Aguilar, 2007.

—, *El sentimiento de culpa*, Madrid, Aguilar, 2009.

—, *Somos cambio*, Madrid, Temas de Hoy, 2012.

—, *La familia: de relaciones tóxicas a relaciones sanas*, Barcelona, Grijalbo, 2014.

Rojas-Marcos, Luis, *La fuerza del optimismo*, Madrid, Aguilar, 2005.

—, *Autoestima*, Madrid, Espasa, 2007.

—, *Convivir: el laberinto de las relaciones de pareja, familiares y laborales*, Madrid, Aguilar, 2008.

Romagnoli, G., *El arte de vivir sin miedo*, Barcelona, Ático de los Libros, 2017.

Rovira, Á., «La amabilidad», web oficial de Álex Rovira, <http://www.alexrovira.com/reflexiones/blog/articulo/la-amabilidad>.

Rydell, R.; McConnell, A., y Bringle, R., «Jealousy and Commitment: Perceived Threat and the Effort of Relationship Alternatives», *Personal Relationships*, vol. 11, n.º 4 (2004), pp. 451-468.

Sánchez, A., «Evaluación de la eficacia del proceso de mediación familiar», *Apuntes de Psicología*, vol. 18, n.º 2 (2000), pp. 265-276.

Sánchez-Cuevas, G., «Aprender a aceptarse», <https://lamenteesmaravillosa.com/aprender-a-aceptarse/>, 7 de julio de 2019.

Savater, F., *El valor de elegir*, Barcelona, Ariel, 2003.

Schwartz, S., «An Overview of the Schwartz Theory of Basic Values», *Online Readings in Psychology and Culture*, vol. 2, n.º 1 (2012), International Association for Cross-Cultural Psychology, <https://doi.org/10.9707/2307-0919.1116>.

Seligman, M., *Helplessness: On Depression, Development and Death*, San Francisco, Freeman, 1975.

—, *Learned Optimism*, Knopf, Nueva York, 1991.

Siegel, D. J., *The Developing Mind*, Nueva York, Guildford Press, 1999. [Hay trad. cast.: *La mente en desarrollo*, Bilbao, Desclée de Brouwer, 2019].

Sohst, K., *El poder de la sensibilidad: Cómo identificar a las personas altamente sensibles*, Barcelona, Ariel, 2017.

Sokoloff, B., *Jealousy: A Psychological Study*, Londres, Carroll and Nicholson, 1948.

Sternberg, R. J., «A Triangular Theory of Love», *Psychological Review*, vol. 93, n.º 2 (1986), pp. 119-136.

—, *El triángulo del amor: intimidad, pasión y compromiso*, Barcelona, Paidós, 1988.

—, *El amor es como una historia: una nueva teoría de las relaciones*, Barcelona, Paidós, 1999.

Tannier, K. «Cómo sobrevivir a vecinos ruidosos (y al ruido en general)», «Buenavida», *El País,* 5 de octubre de 2017, <https://elpais.com/elpais/2017/10/02/buenavida/1506928787_777725.html>.

—, *The Gift of Silence: Finding Peace in a World Full of Noise*, Londres, Yellow Kite, 2018. [Hay trad. cast.: *La magia del silencio*, Barcelona, Planeta, 2017].

Thurman, R., y Salzberg, S., *Amad a vuestros enemigos: Cómo acabar con el hábito de la ira y ser más felices*, Barcelona, Kairós, 2014.

Tolle, E., *Stillness Speaks*, Novato (California), New World Library, 2003.

Touzard, H., *La mediación y la resolución de conflictos*, Barcelona, Herder, 1981.

Travis, C., «Kind, Considerate, Thoughful: A Semantic Analysis», *Lexikos.journals.ac.za p.*, vol. 7 (1997), Departamento de Lingüística de La Trobe University, Victoria (Australia), pp. 130-152.

Valdés Salmerón, V., *Relación humana: del nosotros al yo*, Ciudad de México, Pearson Educación, 2005.

Walras León, M. E., «Teoría de la propiedad», *Revista de Economía Institucional*, vol. 10, n.º 18 (primer semestre de 2008), pp. 245-276.

Whitmore, J., y Performance Consultants International, *Coaching: el método para mejorar el rendimiento de las personas*, Barcelona, Paidós (epub), 2016.

Wilde, O., *La balada de la cárcel de Reading*, Barcelona, Literatura Random House, 2017 (compuesta originalmente el 7 de julio de 1896).

Young, S., *Stick with It: The Science of Lasting Behavior*, Nueva York, Harper Collins, 2018.

Zabalbeascoa, A., «El desafío de la convivencia», *El País Semanal*, 2 de mayo de 2010.

Zelisnski, E. J., *101 cosas que ya sabes pero siempre olvidas*, Barcelona, Amat, 2002.

Zickfeld, J. H., *et al.*, «Kama Muta: Conceptualizing and measuring the experience often labelled being moved across 19 nations and 15 languages», *Emotion*, vol. 19, n.º 3 (2019), pp. 402-424.

ENLACES DE REFERENCIA EN INTERNET

www.kamamutalab.org
www.lamenteesmaravillosa.com